I知人
 cons

胶囊式传记 记取一个天才的灵魂

SAMUEL BECKETT

ANDREW GIBSON

塞缪尔·贝克特

〔英〕安德鲁·吉布森 著　莫亚萍 译

上海文艺出版社

再伟大的工作
也比不上勾销人的肮脏往事。
——叶芝（W. B. Yeats）

缩写表

著作

CDW 《贝克特戏剧全集》(*Complete Dramatic Works*)
CP   《贝克特诗歌精选集》(*Collected Poems*)
CSP 《贝克特短文全集 1929—1989》(*Complete Shorter Prose 1929—1989*)
DFMW 《梦中佳人至庸女》(*Dream of Fair to Middling Women*)
DI   《碎片集》(*Disjecta*)
EAG 《等待戈多》(*En attendant Godot*)
GD   《德国日记》(*German Diaries*)
ISIS 《看不清道不明》(*Ill Seen Ill Said*)
MPTK 《徒劳无益》(*More Pricks than Kicks*)
MU   《莫菲》(*Murphy*)
TR   《三部曲》(《莫洛伊》《马龙之死》《无法称呼的人》)(*Trilogy*: *Molloy*, *Malone Dies*, *The Unnamable*)
WH   《向着更糟去呀》(*Worstward Ho*)

除注明之处外,文中其他所有法语和德语的二手文献皆经作者译成英文,《碎片集》中的法语文本也经作者译成英文。

目录

序言：这该死的人生 001

1 到达终点之一：
 爱尔兰，1906—1928 023

2 一文不值：巴黎和巴黎
 高等师范学院，1928—1930 047

3 健全人的无情和狡诈：
 伦敦，1933—1935 069

4 在第三帝国时的忧郁：
 德国，1936—1937 093

5 垃圾清除：战争、抵抗运动、
 维希法国，1939—1944 123

6 **耻辱**：解放运动，锄奸行动，
戴高乐，1944—1949　　　　　　　143

7 谁有意义：冷战时期的世界，
1950—1985　　　　　　　　　　167

8 所在之处：资本的**凯旋**，
1985—1989　　　　　　　　　　191

后记：重新开始　　　　　　　　　　211
引用文献
精选参考书目　　　　　　　　　　　227
致谢　　　　　　　　　　　　　　　237
图片致谢　　　　　　　　　　　　　239

序言：这该死的人生

在贝克特晚年的一部戏剧中，有一个萦绕读者心头的人物：一位早衰的妇人，精疲眼乏，坐在摇椅里缓缓摇晃。一个声音在说话，向她讲述另一个女人的故事。那个女人渴望与人亲近，可这一注定落空的幻想使她最终落坐在摇椅里，她的母亲也曾在那儿，"坐过、摇过……直到生命的尽头"。（*CDW*，第 440 页）

> 她坐进摇椅里，摇晃身体，
>
> 对着摇椅说　摇吧
>
> 合上眼睛　这该死的人生
>
> 合上眼睛　摇她入眠
>
> 摇她入眠（*CDW*，第 442 页）

这部戏至此结束。

"该死的人生"并不是一个能够赢得传记作家认同的情绪。显然，若望文生义，传记实难接纳这一说法。传记必须肯定，其固有的假设是：生命必有价值，个人生命值得以丰碑敬颂，且献上丰富、厚重的供品。此外，有价值的生命还得罗缕纪存，它应是切实经历的生活，是在回望中领悟的生活。例如，在关于作家的传记里，作家本人可能将艺术作为对生活的一种批判、一种思考，探索前景而非回顾历史；然而这些却不会决定其传记的论述，因为想必有斯威夫特（Swift）、布莱克（Blake）、兰波（Rimbaud）、阿尔托（Artaud）和伍尔夫（Woolf）等人的传记总比没有的好。有人可能会争辩，无论传记作者对作家多亲密、多同情，笔下传记都必然违背作家艺术中最迫切的告诫。在这方面，现代传记似乎正与现代艺术反复碰撞，以便顽固抵制其影响。

"这该死的人生"：2006 年伦敦巴比肯剧院（Barbican Pit），由简·菲利普斯（Siân Phillips）主演《乖乖睡》（Rockaby）。

塞缪尔·贝克特的情况也如是，传记总与他的作品背道而驰。贝克特的艺术一再趋向极简（minima），至今仍费人心思去解读。詹姆斯·诺尔森（James Knowlson）为他写的传记广受赞誉，其权威、丰富，事实详实，足有872页。安东尼·克罗宁（Anthony Cronin）以其646页的传记篇幅，也几乎与之旗鼓相当。一方面，诺尔森和克罗宁写的传记都是该领域的必读精品；二者相辅相成，克罗宁擅长把握作为爱尔兰人的贝克特，能极富想象力地感受到贝克特铺陈痛苦的手法，因此反衬出诺尔森虑周藻密，有堪称典范的学术关怀。于此拙著，我对两位深表激赏。但另一方面，我认为仍值得再撰几部贝氏传记，以此更贴近贝克特本人极简的人生，并缩小传记和贝氏作品之间的距离。若用更贴切的贝氏语言来描述贝氏人生，写出来的传记会怎样？

贝克特说人道主义是"一个为大屠杀时代储备的词"（DI，第131页）。他一再剥去笔下人物身上极似造物主的特质，作品里回响着对人道主义者自我膨胀的控诉。贝克特认为人道主义实则源于一种自我满足的意志。他对人道主义的嘲讽从尖刻到戏谑，尔后趋于温和讽刺，如无法称呼的人（the Unnamable）说，"这是人类行为，龙虾可办不到"（TR，第375页）。贝克特从不陷入残暴批判普遍人性的泥沼，而某些与他同时代之人的作品却因此遭受败坏，如路易-费迪南·塞利纳（Louis-Ferdinand Céline）（虽然贝克特非常欣赏塞利纳的小说）。贝克特只是清醒知道，人道主义与人类没什么关系。若放弃熟悉的人道主义观点，不任其自发地、无处不在地将自视珍贵、独特的人类置于中心，由此撰写一部贝氏传记会如何？若假设贝克特像吉奥乔·阿甘本（Giorgio Agamben）一样重新塑造"人之本质"，传记又会如何？希望拙著至少为以上问题提供一个可能的答案。

贝克特极简艺术的价值显然给他的传记作者们提出了难题。而我起初就有且始终无法摆脱的抗拒的冲动，也令我本人殚思极虑。这该死的人生：

> 鲁尼夫人：出门在外无异于自杀。但在家又怎样呢，泰勒先生，在家又怎样？慢慢消亡……对不起，你说什么？
>
> 泰勒先生：没什么，鲁尼太太，没什么，我只是低声咒骂几句，骂上帝和人，压着嗓门呢，还骂了骂使我自个儿在娘胎里开始孕育的那个湿乎乎的星期六下午。（*CDW*，第175页）

贝克特笔下的人物经常咒骂，他们爱骂"狗屎球"或"老粪球"，因为他们发现自己在生存之外别无他选。他们甚少或压根没有时间去理会那些"可恶、浮华，被称为非我乃至世界的东西"（*CDW*，第 222 页，*CSP*，第 31—32 页）。"天哪这是个什么星球"（*CDW*，第 183 页）：这里的生活是"年复一年永无止境的寒冬"（*CDW*，第 393 页），"整个可怕的景象看上去都这副德性，是毫无知觉、无法言喻、徒劳无益的痛苦"（*TR*，第 13 页）。在《终局》（*Endgame*）里，哈姆（Hamm）描述了一个疯子：

> 他总以为世界末日已到。他是画家，也是雕刻家。我很喜欢他。过去常去精神病院看他。我会拉着他的手，把他拉到窗前。看！看那！那些玉米在生长！还有那！快看！看那些捕鲱鱼的船队上的帆！一切多好啊！（停顿）他却抽出手，又回到自己的角落里去了。可怕。他只看到灰烬。（*CDW*，第 113 页）

贝克特并没有描述鲱鱼船队的迷人景象。最近，评论家们试图强调他作品里不那么致郁、更现代性的因素，比如技术和身体。尽管此类评论中不乏佳作，但无法否认贝克特真正感兴趣的是上文这个疯子触目皆是的灰烬，或瓦尔特·本雅明（Walter Benjamin）所说的不断堆积冲天的残骸。[1]

---

[1] 引自瓦尔特·本雅明关于历史哲学的第九篇文章。参见 Walter Benjamin, "Theses on the Philosophy of History", *Illuminations*, ed. and intro. Hannah Arendt, trans. Harry Zohn (London, 1979), pp. 255—66 (p. 260).

但传记作者还面临更多困难。贝克特笔下的人物不仅对生活兴味寡然,而且对生平记录也满不在乎。这一点尤其体现于《四故事》(*Stories*),其中人物告诉我们,确切说来,生活不过是一个"不可名状的精巧设计"(*TR*,第115页),自传无非是记录一堆与本人历史无关的东西:

> 我总谈论那些从未存在之物,或那些唯有坚信才能存在之物,无疑将来也会一直如此谈论,但我不会用我所认定的物之存在的方式来表达。(*CSP*,第35页)

说到讲故事,《四故事》的叙述者们遇到一些基本的障碍,这些障碍足以让最乐观自信的传记作者都忐忑难安,甚至连最简单的表述任务也会因此变得困难重重。其中一个叙述者说:"但活人的脸都变了形,涨得通红,他们可以成为描述对象吗?"(*CSP*,第38页)人们似乎可以任意赋予生命形态("也许也不这样,但谁在乎",*CSP*,第60页)。《被驱逐的人》("The Expelled")里的叙述者说:"我不知道我为什么一定要讲这个故事,我还不如换一个讲呢。"(*CSP*,第63页)如果把这句话当作题记,一本传记怎么可能写得下去?正如《镇静剂》("The Calmative")里的叙述者所讽刺的那样,传记的真正作用不是赋予我们生命,而是让我们远离生命;传记就像一剂镇静剂或安定药,它提供一种错觉，仿佛在没有方向的地方也能找到方向。一个特别贝克特式的人物建议，生平事迹应由事实组成，如实叙述，但也可"有几处像童话"。这就等于扫清了路障，让我们把注意力转移到更要紧的事物上："大腿……屁股、女人和四周"（*CSP*，第72—73页）。

贝克特似乎很少，或根本不重视传记，也不认为传记是一种严肃的认识模式。酒、性、游戏、社交、日常生活：从这些无关紧要的寻常主题里，人们几乎得不到什么线索。传记作者自以为借此可以提炼出"艺术家个性的图像"，但实际上只不过将其简化成为一幅幅"漫画"而已（*DI*，第61页）。[1] 但贝克特也接纳撰写传记，毕竟试图抵抗不被任何一本现代传记捕获是一个注定落空的念想。当迪尔德丽·拜尔（Deirdre Bair）于1971年向贝克特请求为他立传时，贝克特冷冷回应，称自己既不帮她，也不阻碍她。他心知最明智的做法是授权一位声誉卓著、值得信赖的学者来为自己立传。当诺尔森在1989年（也就是贝克特去世那年）来访时，尽管他自谦为"初出茅庐的传记作家"且主张应使"贝克特的生活与艺术泾渭两分"[2]，贝克特还是同

---

[1] 引自 Edward Moerike's *Mozart on the Way to Prague*, trans. Walter and Catherine Alison Philips (Oxford, 1934). 贝克特也曾研究过这个问题。
[2] James Knowlson, *Damned to Fame: The Life of Samuel Beckett* (London, 1996), p. 19. "the fledgling biographer I was in 1989" in "Samuel Beckett: The Intricate Web of Life and Work", *Journal of Beckett Studies*, XVI/1-2 (Fall 2006/Summer 2007), pp. 17–29 (p. 17).

意了他的请求。具体说来，据诺尔森回忆，他的研究对象只简短回复了一句话："你为我立传，可以。"[1] 这让人想起，当贝克特被问及对西班牙内战的看法时，他回答："¡UPTHEREPUBLIC!"[2] 把正规的措辞扭转得不合语法正是他的习惯，仿佛他既赞同措辞的意思，又有所抵触。他回复诺尔森的话，虽然没有明显表露出拒绝的痕迹，却起到适度告诫的效果：不要在平常之处挖掘，那可找不着我。

对一位如此质疑传记真实性的作家，人们如何以尊重质疑的方式重新设想他的人生？进一步的疑问是：对于一位似乎厌恶生命（bios）[3] 的人，人们应该如何重新构想他的传记？怎么写这该死的人生？如果一个作家的作品（和笔下的人物）似乎反复诉说"这该死的生平事迹"，还怎么写他那该死的生平事迹？1928年至1930年，贝克特陆陆续续在法国巴黎高等师范学院任教，那是历史上最伟大的教育机构之一。在20世纪的大部分时间里，高师孕育着知识分子的生命，英美世界根本无法与之匹敌，且几乎难以望其项背。这就是为何英美知识分子对高师校友如此敬畏。虽然贝克特本人并非高师校友，但高师人（normaliens）却总将他视为其中一员。如众人公认，高师人也肯定贝克特

---

[1] "To biography of me by you it's Yes", 引自 Knowlson, *Damned to Fame*, p. 19.
[2] 参见 Louis Aragon et al., eds, *Authors Take Sides on the Spanish War*（London, 1937），p. 6.
[3] bios：作为生活方式的生命。——译者注

是一位想象丰富的作家，异常接近欧陆哲学传统，而高师在 20 世纪正是欧陆哲学最重要的培育基地。

高师的盛誉并不能说明高师人美德无边，无任何害群之马。与贝克特同时代的罗伯特·布拉西亚克（Robert Brasillach）就因通敌纳粹而被处决；贝克特的友人乔治·佩洛森（Georges Pelorson）成了维希政权的政要。我提及高师意在强调：高师人有为故人立传的传统。萨特（Sartre）为梅洛-庞蒂（Merleau-Ponty）撰写回忆录，其中几乎没有提及任何一个人们通常所能联想到的生活内容。乔治·冈圭朗（Georges Canguilhem）为让·卡瓦耶斯（Jean Cavaillès）撰写生平，只提及部分被视为一项思想工程的生活事实。[1] 本书后文将论涉高师氛围对于理解贝克特的重要性，以上既有的高师范式似乎可作参考，但这么做有一个明显缺陷：如何书写一部关于贝克特的知识分子传记，而非简单再造一本评论性专著，同时又沿着时间顺序连贯呈现贝氏作品呢？毕竟如此这般的传记已有不少，我本人就曾出过一本。[2]

面对这一难题，我选择了一种略微独特的权宜之计，以此期望拙著既能阐明自身内容（或进行对照），又能符合

---

[1] 参见 Jean-Paul Sartre, "Merleau-Ponty vivant", *Les Temps Modernes*, XVII/84‑5 (1961), pp. 304—76; Georges Canguilhem, *Vie et mort de Jean Cavaillès* (Ambialet, 1976).
[2] Beckett and Badiou: *The Pathos of Intermittency* (Oxford, 2006).

我对贝克特研究的个人见解。在贝氏《初恋》（"First Love"）这部短篇小说里，叙述者断言"同一片天空却从不相同"（*CSP*，第38页）。在我看来，这正反映出贝克特艺术的悖论核心。正如贝氏另一部短篇小说《结局》（"The End"）里的叙述者所示，普通垃圾并不"体现在"特殊垃圾里，只有在垃圾的细节里，或者作为垃圾细节，它才能被发现。这就意味着它永不确定，永不终结。它总有增加的可能，如同《结局》的一位叙述者在屎堆中为自己打造了一个"小王国"（这个王国还可以变得更脏，叙述人可以继续在上面拉屎，*CSP*，第98页）。在《克拉普的最后一盘录音带》（*Krapp's Last Tape*）里，克拉普也说：

> 把谷粒从壳里剥出来……谷粒，现在我不知道我这么说是什么意思。我是说……（犹豫）……我想我的意思是说，当一切尘埃落定时，即当我的一切尘埃落定时，那些仍然值得拥有的东西。

克拉普纠正自己，从普遍性转向个人的特殊性，保留着困难、痛苦和荒废的特征。在贝克特笔下的人物里，这种转变并不少见。他们反反复复地与"生命（life）"搏斗，而他们所对抗的"生命"，并不是以特殊形式表现出来的普遍存在，而是被视为普遍存在的特殊形式。

换言之，并没有一种人人生厌的普遍的生命（*bios*）。正如福柯（Foucault）所说，生命总是历史的。有许多人厌弃生命，但由于他们只在特定的历史场合里了解生命，所以他们所憎恨的生命，往往只是历史的特定版本，即使这与他们口头所说的恰恰相反。有时，人们盯着本雅明所说的日益堆积的碎片看，几乎难以自控地盯着看。[1] 有时，一切又似乎微不足道、无足轻重。贝克特创作作品（*oeuvre*）时所处的历史文化环境与我们当下迥异，这也是为何我们对他如此着迷的一个原因。

在这本书里，我想用我所搜集到的关于贝克特的忧郁、生动的素材，来书写贝氏的智识人生，同时将他的人生与一系列离散的背景材料连通。背景也将成为历史，也许这在一定程度上能解释他结束生命的欲望，"永远恶心。永远离开……永远"（*WH*，第8页），无论这种欲望多么无休无止，又被表达得多么讽刺。一方面，我想知道究竟什么历史生命的特殊形式导致《乖乖睡》里不断重复"这该死的人生"，尤其在这样一部特殊的剧目里，由这样一位特殊的人物说出来。而历史生命的特殊形式也形成持续而又复杂的一致性，成为其中一部分，因此不仅仅只是一个"观点"，更不仅仅只是一个"意见"。此外，我打算让这本传

---

[1] 本雅明提出"碎片化中的整体性"，把日常生活的景观以寓言的方式展示出来，实现了现代性废墟上的审美救赎。——译者注

记保持极简风格，精简多数人早已熟知的贝克特的生活，简化成为历史和艺术之间的涓涓细流。这并不符合所有人的口味。若想了解更多，例如，关于贝克特与南希·库纳德（Nancy Cunard）[1]或艾伦·施奈德（Alan Schneider）[2]的关系，我极力推荐诺尔森和克罗宁的传记。我也不凭空揣测贝克特的心理状态，除非可从他的作品里得到切实的推论。就像我的极简之法一样，这种写作至少在意图上符合贝克特本人的艺术优先法则，也忠于他本人的艺术手法。

但这绝不能斩断戈尔迪之结（Gordian knot）[3]。不论多么精简故事本身，不论多么避免陷入"一大堆肮脏的境遇"（*TR*，第63页），既然决心写一本传记，就不可能完全忽视那位鲜活活过的人。问题是如何在历史、生活和艺术之间搭建起一个既相互联系又有所区分的复杂网络。贝克特人生的某些经历，如1936年至1937年巡游德国，1942年巡游维希法国，似乎使他更接近作品的世界。可是，他的其他经历又似乎与作品世界无甚关联。同样，在某些方面，贝克特一直是受人尊敬的英爱（Anglo-Irish）典范，在很大程度上体现英国中产阶级美德。人们无法忽视这个自嘲、沉默、自律、勤勉、彬彬有礼又克制忍耐的人，尤其在与

---

[1] 传闻贝克特的情人。——译者注
[2] 美国导演，曾为贝克特执导《等待戈多》。——译者注
[3] 比喻棘手的难题。——译者注

他相识的那一代学人之中,他是"圣塞(Saint Sam)"神话的起源。但史蒂文·康纳(Steven Connor)明确而又风趣地解构了这个神话的根脉,使人们此后不再那么不加判别(caveat)地认同这个神话了。[1] 人们有时还对作为板球运动员的贝克特评价甚高[贝克特是唯一入选维斯登(Wisden)板球年鉴的诺贝尔奖得主],而贝克特先生却偏偏痴迷于自己的对立面:流浪汉。若直面作品本身,人们会发现大量材料根本不符合贝克特其人身份的神话,即便将作家与作品里的叙述者或人物区分对待也无济于事,例如,他早期作品透露出傲慢和狂妄;"三部曲"(*Trilogy*)表现出歇斯底里的愤怒;《莫洛伊》(*Molloy*)、《跌倒的人》(*All That Fall*)、《是如何》(*How It Is*)及之后的作品则惊现暴力之极端、残忍的形式。

当然,强调他的反叛特性,并不意味着质疑他的圣人传。恰恰相反,反叛的特质在整体上反而使圣人传更加可信。挑战神圣增加不少风险。《莫洛伊》里的莫朗(Moran)就说:"哦,不会因为一个人温和、有礼、公道又忍耐,日复一日、年复一年如此,就使其免于惩罚。"(*TR*,第127页)尽管如此,我们势必想知道,为保护一种汹涌的内在驱动力的隐私——也是其部分灵感的来源,贝克特在多大

---

[1] 参见 Steven Connor, *Samuel Beckett: Repetition, Theory and Text* (Oxford, 1988), pp. 190—97.

程度上顽强维持着一种与之截然不同的公众形象。这就是他引用塞利纳《死缓》(*Mort à crédit*) 其中一句的本意，这句话对他来说弥足珍贵：

> 关键不在于一个人是对还是错，这真的不重要。……我们需要做的是阻止世界过度关注我们……其他都是恶习。[1]

贝克特透露自己崇敬但丁，那么谁喜爱贝克特呢？"我们只想读"他的作品（或看他的戏剧，*DI*，第81页）。

参考贝克特的历史经历，一个敏感细腻如贝克特的作家会陷入混乱，也就不会让人大惊小怪了。但另一个问题来了。如果说贝克特有意阻止读者在他的生活和作品之间平滑过渡，那么是否更不用说（*a fortiori*）在他的作品和历史背景之间来回切换？贝克特断言，一种"崇高、孤独的艺术"除了以其自身，"不能以其他任何方式阐明"（*DI*，第145页）。他坚信任何（*any*）解释性"关系"都只是"不断累加剧烈的焦虑"（*DI*，第149页）。他认为那些"牺牲自我存在"的艺术家"茫茫然不知从何而来，举目无亲"（同上）。这句话可能既否定了历史诠释，也否定

---

[1] 本书作者英译：The essential thing is not knowing whether one is right or wrong, that really has no importance. What is necessary is to discourage the world from paying one much attention ... The rest is vice. 引自 Louis-Ferdinand Céline, *Mort à crédit* (Pléiade, *Romans*, vol. I; Paris, 1981), p. 688; 贝克特将其引用至 GD 1.10.36.

了传记诠释。贝克特无疑是一位伟大的现代主义抽象派，试图把他的作品嵌回历史的事实，似乎无异于与他本人的实际情况背道而驰。有人甚至可能说，他的方向是解放，而我的方向，是禁锢。

但自由和约束并非相互排斥、非此即彼的关系。它们相互定义，是不可分割的搭档。诺尔森在他的传记中详尽描述了贝克特生活中的诸多细节，这并不能完全反驳贝克特关于区分生命和艺术的主张，同时也很难完全证明这一点。"危险在于各种身份的整齐划一"。使生活与艺术之间精准平行、精准对应可能只是一种"宽慰人心"的活动，"就像小心翼翼折叠起来的火腿三明治"（*DI*，第19页）。对应并非全无必要，传记所追溯的贝克特艺术的真实性，也是历史追溯的真实性。只不过这些追溯既不允许我们在作品与历史情境之间建立一种牢固的关系，也无法完全否定这种关系的可能性。

事实上，在贝克特关于艺术的文章里，他本人并不回避历史反思。比如，在评论阿尔贝·弗耶拉（Albert Feuillerat）关于普鲁斯特的书时，贝克特认为，弗耶拉试图使普鲁斯特伟大小说里"严重的不和谐"和"糟透的不连贯"恢复秩序，而贝克特深知（并声称）那些"不和谐"和"不连贯"都是第一次世界大战的后果（*DI*，第63页）。弗耶拉的方案是装饰性的，一种学术上的努力，试图

给撕裂的小说一个体面的外观,以粉饰历史的伤疤。另以一首小诗为例:

《圣洛》(Saint-Lô)

维尔河在阴影中蜿蜒
未诞生便穿越光明的河道颤抖着
古老的思想被幽灵抛弃
陷进自身的浩劫
(CP,第32页)

这首诗的主题似乎是精神的混乱。但是圣洛不仅仅是一个让个人受难的地方,如 T. S. 艾略特笔下的马盖特沙滩(Margate Sands),("在马盖特沙滩上。/没什么能引起/我任何联想")。[1] 贝克特的这首诗甚至还批判了现代派对空间位置之历史意义的漠然之态,因为圣洛是诺曼底大区芒什省首府,1945年贝克特与爱尔兰红十字会曾在那里工作,维尔河是贯穿整座城市的河流。1944年,同盟军登陆法国,圣洛是进攻部队从"诺曼底地区"突围的一个关隘。起初的地势利于德国,可一旦过了圣洛,形势就有回旋之

---

[1] 引自艾略特《荒原》一诗:"On Margate Sands, /I can connect/nothing with nothing";参见 T. S. Eliot, *Collected Poems* (London, 1939), p. 72.(文中中译参考汤永宽译本。——译者注)

机。因此希特勒下令死守圣洛,这使得同盟军的进攻缓慢又艰难,而圣洛几乎被摧毁。[1] 惨状之剧,以至于有人希望完整保留该城废墟,以作历史的见证。在贝克特的这首诗中,一部分是关于外部的"浩劫"(havoc 一词最初即指战场)。[2] "浩劫"一词甚至还似乎回应了关于圣洛未来的争议,像维尔河一样,蜿蜒至一个先知的方向。此外,《圣洛》一诗呈现出一种由外界灾难决定,并与外界灾难休戚相关的内部灾难,呈现出心灵世界和历史世界的应和。

"彻底毁灭":1944 年 8 月,遭战争摧毁的诺曼底圣洛。

---

[1] 想了解更多圣洛之战的情况,可参见 Lois Gordon, *The World of Samuel Beckett 1906—1946* (New Haven and London, 1996), pp. 195—8.
[2] 更确切地说,"havoc"还指掠夺和抢劫,不仅仅是破坏。浩劫!原本是一个战争口号或命令。

很少有这种方式阅读贝克特的作品,不管短篇或长篇。但是,我们接下来会读到,一种根植于传记的历史意识常以这种方式标记贝克特作品,虽然标记得零星、短暂或偶然。拙著力图关注的正是这样一种历史意识,而不是想打造一部多少有些世故、多少有点小说化的心理主义的产物(应补充一句,心理主义的一些描述压根脱离了贝克特本人)。[1] 尽管贝克特的许多作品在表面上并没有描述历史的特征,但透过作品,历史的关联会自然呈现。有些人甚至可以将这些关联信手拈来。许多在贝克特写作时健在的人,尤其在1945年以后,都相信他对时代精神(zeitgeist)有一种超乎寻常的深刻理解,而且认为其他同代艺术家都无法比拟贝氏传达时代精神的能力。如今可是时候以上定论赋予历史特征和实质内涵了,因为我们已与当时的时代精神拉开距离,足以为其盖棺定论。事实上,就像贝克特之前的叶芝、乔伊斯和伍尔夫一样,贝氏去世既是历史性的,也是逻辑意义上的,因为它与一个时代的终结同步发生。不能简单地将贝克特的作品按火腿三明治的模式与历史背景相"匹配",但那些作品会被历史的动荡和由此引发

---

[1] 有个别评论家以这种心理学方式考察贝克特发展的特定阶段,典型代表是 Marjorie Perloff, in "'In Love with Hiding': Samuel Beckett's War", *Iowa Review*, XXXV/2 (2005), pp. 76—103. 路易斯·戈登(Lois Gordon)在一定程度上与拙著《贝克特的世界》(*The World of Samuel Beckett*)的研究领域相似,但目前研究已不止步于1946年;应参考与我们不同的,或更新的历史研究,在历史背景与贝克特作品之间来回解读,并试图在二者的关系中定位一种历史意识。

的混乱情绪点缀。历史的症状与影响就像断断续续的矿脉，在如岩石般嶙峋冷峻的贝克特地表上蜿蜒而过。贝克特一生都在历史与写作之间的羊肠小道上穿行。我也将如是描述。

这意味着眼下这本批判性的小传在某种程度上不完整。确实如此：对本书而言，补缀或间断性本身就是一种方法。拙著力图避免诉诸于总体范畴，将重点主要落在分散和不连续的历史细节上。贝克特不爱那些"喋喋不休解释原因的时髦小说，例如说路德是历史的必然，却不告诉我任何关于路德的具体情况，他想去哪，靠什么生存，为何而死等等"（GD, 15.1.37）。[1] 我注意到了贝克特的这种抗拒，但我并不打算亦步亦趋。贝克特评论普鲁斯特研究的"叙事轨迹"时形容，与其说它是"一条像样的抛物线"，倒不如说是"一个疟疾的图表"（DI，第64页）。贝克特一生就是这样一张疟疾的图表，它断断续续、零零星星，时隐时现地引证历史；是一本关于痉挛、惊厥、潮红发颤、高烧和冷汗的历史书。贝式疟疾在很大程度上与同时代的世界混战相应，只不过疟疾长时间活跃，有其强烈而狂热的生命活力。我由此将补缀列为立传规则。这本小传并不是简单省略贝克特生活的许多方面。贝氏不同意用一个材料框住另外一个完全不同的材料，他认为材料会因此被胁迫，

---

[1] 引自 Knowlson, *Damned to Fame*, pp. 244—245.

"将每一个概念都处理得异常规整,'就像把鲈鱼的脖颈插进破损的木条箱里一样'"(*DI*,第19页)。[1] 尽管难以规避这个陷阱,但我仍想叙述贝克特的一生,不作为一个预先设定的报告(*compte rendu*),而是作为一项研究(*recherche*)、一种探索,在所有复杂的"线索和死胡同"里穿行(*DI*,第65页)。

贝克特本人的创作里也包含有这项研究。更确切地说,我认为包含这样一种探索,它从历史"残余物(remainder)"的角度出发,对"事件(event)"的可能性进行挖掘。在《贝克特与巴迪欧》(*Beckett and Badiou*)一书中,我解释了"残余物"和"事件"这两个术语。那本书似乎指向一个与本书截然不同的方向,但事实上二者一体。只不过《贝克特与巴迪欧》一书优先考虑事件,因此必然抽象;本书则主要梳理历史残余物,是历史唯物论的一种实践。

然而,诚如大卫·坎宁汉(David Cunningham)所敏锐诊断的那样,两本书都是对后德里安(post-Derridean)文化状况的摹仿。[2] 在这种文化里,除非建立在一个事先确定的先验原则之上,否则历史世界几乎不可想象。我们无

---

[1] 贝克特引自 Joyce, *Finnegans Wake* (London, 1999), 1.3, p. 49.
[2] 参见 David Cunningham, "Jacques Derrida: Obituary Symposium 1930—2004", *Radical Philosophy*, CXXIX (January—February 2005),网址:www.radicalphilosophy.com.

法对抗,更何况我们总认为自己无处不在,是历史永恒的存在,基于这种敏锐却又不可避免的意识在历史中滚滚前进。这一悖论似乎决定了当代世界注定要走的循环。但在但丁和乔伊斯之后,还有什么比塞缪尔·贝克特的人生和作品更能教会我们行走循环的艺术呢?贝克特就是一位炼狱艺术的大师啊!

塞缪尔·贝克特

1 到达终点之一：
爱尔兰，1906—1928

1906年4月，塞缪尔·贝克特出生在福克斯罗克（Foxrock），都柏林南郊一个比较繁荣的应许之地。他生于殷实的新教中产阶级家庭，其父威廉（William Beckett）可能是17世纪晚期逃离法国宗教迫害的胡格诺难民的后裔。[1] 即便如此，那层法国的关系早已消失在时间的长河里。威廉·贝克特是一位成功、富有的建筑承包商。作为一个都柏林新教资产阶级的后裔，他奋力进取，并逐渐适应了这种生活环境和生活方式。贝克特家宅邸位于库尔德里纳（Cooldrinagh），设施齐备，有仆人住所、一个网球场、草坪和一个马厩。威廉是共济会和基尔代尔街（Kildare Street Club）俱乐部的成员，共济会由新教教徒主理且有一定权势，基尔代尔街俱乐部是英爱

---

1 参见 James Knowlson, *Damned to Fame: The Life of Samuel Beckett* (London, 1996), p. 6; Anthony Cronin, *Samuel Beckett: The Last Modernist* (London, 1996), pp. 3—4.

人的堡垒，以其贵族气质、波尔多红酒和惠斯特纸牌游戏闻名。

我们应该仔细区分都柏林的新教中产阶级和英爱人。[1] 贝克特母亲梅·罗伊（May Roe）出身于一个曾是地主的家族。虽然家族没落，罗伊父亲成了牧师，但他仍有租佃地。贝克特家族所属的阶级认同英格兰，并同英爱绅士一样，坚信其出身的优越性。他们与多数天主教徒都无甚往来，对待天主教徒也有点儿居高临下。他们的一致主义、"对王冠和米字旗的忠诚"是"自发的，且毫不犹豫"。[2] 据贝克特的《德国日记》（*German Diaries*）记录，他童年时期曾有一块米字旗手帕（*GD*，第 6、10、36 页）。我们将看到，尽管忠诚是贝克特最显著的特点之一，但他却不怎么把一致主义忠诚放在心上。

一致主义忠诚不是贝克特背景的唯一特征，他后来甚至对这一特征不屑一顾，也不费力证明自己对此不屑一顾。然而，他的父母对他很重要。父亲威廉率真爱护二子，长子弗兰克（Frank）和幼子塞缪尔，儿子们也恩恩相报。母亲梅信教，情绪易波动，要求也比较苛刻。塞缪尔与母亲的关系很复杂，甚至冲突不断，但痛苦中总交杂着亲密。在其精神生活中，母亲的影响深远。当诗人约翰·蒙塔古（John Montague）问贝克特有没有在人生旅途中发现珍贵之

---

[1] 参见 Cronin, *Samuel Beckett*, p. 10.
[2] 参见 Cronin, *Samuel Beckett*, p. 10.

物时，贝克特想到了父母，虽然语调带有一丝典型的嘲讽，措辞也不那么欢欣："少得可怜，更惨的是，我眼睁睁看着父母死去。"[1]

贝克特所接受的教育是他所在阶级的一个典型产物。他先是去了库尔德里纳附近一所上流幼儿园，和与自己背景相似的孩子们一起成长。同样位于福克斯罗克的厄尔斯福特学校（Earlsfort House School）也很体面，但只接收天主教孩子。贝克特少年时期最重要的举措是就读波托拉皇家学校（Portora Royal School）。波托拉在北爱尔兰的恩尼斯基伦（Enniskillen），是五所皇家学校之一，在都铎王朝征服爱尔兰之后，于1608年根据皇家宪章成立。詹姆斯一世的愿望是："至少在每个郡都设立一所免费的学校，专门教养年轻人知识和宗教。"[2] 五所皇家学校由此成立，为阿尔斯特（Ulster）[3] 当地商贾、农民子弟提供教育。这些学校是殖民阶级的造物厂，也是野蛮荒野中具有文明价值的飞地。波托拉最终培养了大批殖民地行政长官。即使时间流逝，这一具有殖民背景的使命感仍然萦绕在贝克特就读的这所学校里。

贝克特1920年进入波托拉。波托拉有时被称为"爱尔

---

[1] 引自 John Banville, *The Painful Comedy of Samuel Beckett*, review of Cronin, *Samuel Beckett*, Lois Gordon, *The World of Samuel Beckett 1906—1946*（New Haven and London, 1996）; Knowlson, *Damned to Fame*, *New York Review of Books*, 14 November 1996; 网站：www.samuel-beckett.net/banville.html.
[2] 引自 www.portoraroyal.co.uk/portal.aspx/history.
[3] 爱尔兰古代四个省份之一。——译者注

"爱尔兰伊顿公学":恩尼斯基伦,波托拉皇家学校

兰的伊顿公学",它有着许多英国公立学校的风气。如果可以绝对区分英国人在爱尔兰的文明美德和野蛮行径,1920年并不是一个分水岭,因为爱尔兰彼时仍受英爱战争的控制。第二年(1921)伊始,皇家爱尔兰警察预备队开始募兵,这支部队被称为"黑棕部队(Black and Tans)",随后(7月)"辅助队(Auxies)"成立,成为皇家爱尔兰警队(RIC)的一个辅助部门。大部分新兵都是英国人,其中不少是一战退伍军人。用罗伊·福斯特(Roy Foster)的话来说,他们就像"独立的雇佣军"。[1] 最初,黑棕部队不受严格的纪律约束,他们焚烧、洗劫城镇村庄,任意打击报复平民。辅助队更残忍,为报复伏击,他们联合黑棕部队,于12月摧毁了科克(Cork)市中心。1921年就这样血腥告

---

1 R. F. Foster, *Modern Ireland: 1600—1972* (London, 1989), p. 498.

终，年末还见证了"血腥星期天"("Bloody Sunday",11月21日),黑棕部队甚至向足球场人群开枪。在阿尔斯特,特别是贝尔法斯特(Belfast),这一年还爆发了反天主教的大屠杀。

当然,战争的另一方也要为这场大混战负责。它并不自诩为世界上最伟大的文明强国之一,也没有像波托拉那样以"荣誉、忠诚和正直"为荣的机构来全副武装。[1] 贝克特并不高看学校培养出来的所谓精英:1928年,他在贝尔法斯特(新成立,且与波托拉类似的)坎贝尔学院(Campbell College)短期任教时,曾对某些学生提出批评。时任校长威廉·达夫·吉本(William Duff Gibbon)提醒贝克特,坎贝尔的那些男孩可都是"阿尔斯特的精华",贝克特毫不留情地反驳:"没错,我知道,又厚又油。"[2] 最后,他并没有在这所历史悠久的坎贝尔人学校的校史上垂名。

更重要的是,与后来成为他伟大导师的作家乔伊斯一样,贝克特痛苦地意识到,文明与野蛮之间并非壁垒分明,于是他也故意在自己的作品里模糊两者之间的界限,例如从一个人的声音不断切换至另一个人的声音。在波托拉,贝克特最杰出的前辈是奥斯卡·王尔德(Oscar Wilde)。然而,他不可能在学校的荣誉委员会上找到王尔德的名字,

---

[1] 参见 Knowlson, *Damned to Fame*, p. 46.
[2] 贝克特在与诺尔森的谈话时提到这个故事。参见 *Damned to Fame*, p. 78; Knowlson's note, p. 720, n. 52.

1923年,贝克特在波托拉皇家学校板球队(坐排靠右)。

因为在 19 世纪 90 年代的丑闻和审判后,王尔德的名字就被该校剔除了。这所学校的网站至今仍在评论王尔德的劣迹。年轻的贝克特是出色的运动员,他似乎顺利适应了波托拉的生活;但他在作品里,却比王尔德更体无完肤地抨击波托拉精神。贝克特笔下的人物以其清醒、理智,永不自欺欺人而吸引读者。他们的语调辛辣尖刻,视角冷酷清晰,这部分正归功于贝克特在 1920 年及之后所遇的环境,及波托拉与其环境之间的冲突矛盾。

波托拉皇家学校与都柏林圣三一大学渊源深厚。如果说前者在英爱教育机构里出类拔萃,那么后者就在英爱教育机构里独占鳌头。圣三一大学于 1592 年由伊丽莎白一世建立,是传统的新教大学,也是爱尔兰最顶尖的高等学府

（甚至在很长一段时间里是唯一的高等学府）。理论上，它于1794年就开始向天主教徒敞开，但实际上并未完全开放。在贝克特时代，杰出的爱尔兰天主教徒詹姆斯·乔伊斯甚至都进不了圣三一那一流的图书馆。[1] 在爱尔兰，圣三一大学和大多数天主教徒，尤其是天主教知识分子之间有一道鸿沟，这不仅是宗教、文化和经济方面的问题，也是阶级问题。从马哈菲（J. P. Mahaffy）对乔伊斯的评论中，可以了解到其中的利害关系。马哈菲认为"为这个岛的土著居民——那些在利菲河（Liffey）上吐口水的街头男孩"建立一所大学绝对是错误之举，乔伊斯就是"佐证该错误的一个活生生的论据"。[2] 在20世纪早期，马哈菲是圣三一大学的杰出人物之一，他是该校古代史教授，并最终当上了教务长。他博学、天赋极高、性情古怪却机智过人，可这些品质并没使他克服某些无意识的自动反应，或摆脱那些反应所暗示的智力缺陷。乔伊斯和贝克特在一定程度上打破了马哈菲"论点"背后的假设，一个从外部，另一个从内部。

---

[1] 参见 Clare Hutton, "Joyce, the Library Episode and the Institutions of Revivalism", in *Joyce, Ireland, Britain*, ed. Andrew Gibson and Len Platt (Gainesville, FL, 2006), pp. 122—138 (p. 135). 天主教徒于1794年起就被法定允许进入圣三一大学，然而宗教考试却一直持续到1873年。20世纪初，只有并不特别虔诚的天主教徒，且来自既定的、有特权的、无宗教背景的阶级，才能进入圣三一大学。该校被视为"政府里的极端新教"，并"向新教徒传授新教"。参见 Thomas J. Morrissey SJ, *Towards a National University: William Delany SJ (1835—1924): An Era of Initiative in Irish Education* (Dublin, 1983), p. 185. 所以毫不稀奇的是，直到1971年，罗马天主教教会才允许天主教徒在该校学习。

[2] 参考 Gerald Griffin, *The Wild Geese: Pen Portraits of Irish Exiles*; quoted Richard Ellmann, *James Joyce* (revd edn, Oxford, 1982), p. 58.

贝克特于 1923 年至 1926 年在圣三一大学就读，攻读艺术学位。其间，他受到圣三一大学另一位重要人物影响，那就是罗曼语教授托马斯·罗德莫斯-布朗（Thomas Rudmose-Brown）。在某些方面，罗德莫斯-布朗挺像马哈菲（尽管马哈菲似乎有点瞧不上他）。他势利，声称自己拥有家族徽章和皇室血统，并抨击天主教少数服从多数原则的后果；他也任性，从未真正获得圣三一大学的正式教编。他对贝克特的发展起到关键作用。进入圣三一大学前，贝克特从其新教背景和所受教育里，几乎没有得到什么能激发想象力或思辨精神的东西。所以，有人说"罗德莫斯-布朗把一个热爱板球的学童培养成了一个知识分子"，也并非言过其实。[1] 贝克特编外号"鲁德（Ruddy）[2]"来称呼这位教授。他不仅培养了贝克特对法国的热爱，而且培养了贝克特对法国知识分子和法国文学的向往。罗德莫斯-布朗使贝克特得以脱胎换骨。

但罗德莫斯-布朗并没有灌输改变的意图，只不过循序渐进地攫住了贝克特。这与贝克特在爱尔兰的社会地位有关，在他成长期间，历史环境又给他的社会地位提供了一个非常精确的形式。1922 年 12 月 6 日，《英爱条约》（Anglo-Irish Treaty）签署，英爱战争结束，爱尔兰独立。对许多人来说，新独立的爱尔兰并不够独立。《英爱条约》

---

[1] Cronin, *Samuel Beckett*, p. 59.
[2] 从"Rud"而来，也有"红润"之意。——译者注

只给予爱尔兰脱离英国统治的自由，却赋予英国持续安防的权利，并提出一项边界协议，可为阿尔斯特永久脱离爱尔兰共和国铺平道路。真正棘手的问题是，该条约要求爱尔兰宣誓效忠英国王室。这对被视为顽固分子的人来说太过分了，尤其是埃蒙·德·瓦勒拉（Eamon De Valera）。"条约派"和"反条约派"之间的分裂如箭在弦，随之而来的是1922年至1923年爆发的爱尔兰内战。

条约派获胜，德·瓦勒拉被捕。威廉·科斯格雷夫（William Cosgrave）政府和政党迅速巩固自身权力。该政府享有相当大的立法权，因为反条约派没有在爱尔兰议会获得席位。当然，这不仅平息反抗，同时也激起反抗，1924年就曾爆发一次军变。虽然新政府不愿打破旧殖民统治者的政治和行政模式，但它代表着天主教资产阶级和爱国者的胜利，同时也代表着爱尔兰罗马天主教教会的胜利。按照传统，教会支持政府，不支持反政府分子；国家也不挑衅教会在健康、教育和性道德方面的权威。不久，爱尔兰政府就通过一系列关于离婚、节育和审查制度的法律，令人沮丧。《电影审查法案》（*The Censorship of Films Act*）限制"因不雅、淫秽或亵渎而不适合在公众场合公开放映"的内容，1923年正式立法。[1] 这与教会宣言如出一格，即现代电影中"一切有悖基督教纯洁与谦逊的内容"都与天

---

1 网站：www.irishstatutebook.ie/1923/en/act/pub.

主教和爱尔兰理想格格不入，仿佛天主教和爱尔兰理想在基本原则上合为一体。[1] 同样的规训也适用于文学，尽管爱尔兰直至1929年才通过《出版审查法案》(*Censorship of Publications Act*)。

"有悖基督教纯洁和谦逊"：20世纪20年代的爱尔兰示威。

这是贝克特人生中又一个侥幸的灰色时期，当他1923年从北爱尔兰转身南下时，北爱尔兰正转变成为由新教主导的爱尔兰残存文化的避难所，而南方的新教文化已残光暮景，新的天主教文化则青黄不接。虽然有一些南方的新教徒在新成立的共和国里扮演重要角色，如叶芝、安德鲁·詹姆逊 (Andrew Jameson)、亨利·吉尼斯 (Henry Guinness)，但这并非常态，因为他们都属于特殊阶级，或

---

[1] 引自爱尔兰警戒会 (*Irish Vigilance Association*)，1922年2月。参见 Ronan Fanning, *Independent Ireland* (Dublin, 1983), p. 57.

拥有特殊身份，早已是社会名流。事实上，早在一战之前，爱尔兰就一直流失新教徒，英爱战争和内战只不过加剧了这一趋势。查尔斯·帕内尔（Charles Stewart Parnell）[1] 牺牲后，爱尔兰新教徒或多或少都意识到，这是一场终局游戏，历史的矢量不再站在自己这边。很明显，从1923年开始，天主教民族主义者、天主教资产阶级和天主教教会的势力与日俱增，且稳步壮大。爱尔兰自由邦（Irish Free State）的成立更是剥夺了贝克特家族的政治权利，"除了对一个永远消失的政权保持沉默不语的忠诚"[2]，他们从此只能"生活在一个政治真空里"。[3]

与此同时，从1906年贝克特出生到1928年他第一次离开爱尔兰，莱昂内尔·弗莱明（Lionel Fleming）所说的"身份认同"问题对英爱新教中产阶级来说都至关重要。[4]在都柏林新教中产阶级1922年后的作品里，如弗莱明的《头或竖琴》（*Head or Harp*）、特伦斯·德维尔·怀特（Terence de Vere White）的《一只焦躁的小虫》（*A Fretful Midge*）、帕特里克·坎贝尔（Patrick Campbell）的《爱尔兰人日记》（*An Irishman's Diary*）、布莱恩·英格利斯（Brian Inglis）的《西不列颠人》（*West Briton*）、凯西

---

[1] 爱尔兰民族主义的政治家。——译者注
[2] 爱尔兰于16世纪沦为英国的殖民地，1921年宣布独立，1923年成立自由邦，1949年成为共和国。——译者注
[3] Cronin, *Samuel Beckett*, p. 36.
[4] Lionel Fleming, *Head or Harp* (London, 1965), p. 104.

(W. F. Casey)的《郊区沟槽》(*The Suburban Groove*)、尼尔·拉德(Niall Rudd)的《淡绿色、浅橙色》(*Pale Green, Light Orange*)和伦诺克斯·罗宾逊(Lennox Robinson)的《大宅》(*The Big House*),一个反复出现的主题就是:英爱慧骃(Houyhnhnms)如何果断地与耶胡(Yahoos)决裂战斗[1],如何通过激进的种族隔离来维护和巩固自己的身份,或维护和巩固尼尔·拉德所说的"一个混淆'是'与'非'"的体制。[2] 这些人"几乎意识不到另一个爱尔兰"。[3] 虽然流浪汉们经常去弗莱明家门口,就像他们去贝克特家那样,去搜穿他们的旧靴旧裤[4],但大门本身仍然意味着两个世界之间壁垒森严。

另一个爱尔兰"开始发挥作用"。[5] 从 1922 年起,新教中产阶级不得不注意到这一点。他们越来越感到不安和矛盾,认为必须努力弥合两个世界之间的鸿沟。他们当然厌恶"政府强加一种外来文化"[6],年轻的贝克特偶尔也表达这种不满。与此同时,盎格鲁-爱尔兰与英格兰之间也渐行渐远。到 20 世纪 20 年代末,贝克特所处阶级开始以同样

---

[1] "慧骃"和"耶胡"的典故取自乔纳森·斯威夫特的《格列佛游记》,当格列佛遭到人形兽"耶胡"的围攻时,得亏智慧之马"慧骃"前来解救。——译者注
[2] Niall Rudd, *Pale Green, Light Orange: A Portrait of Bourgeois Ireland 1930—1950* (Dublin, 1994), p. 28. 在那一时期爱尔兰新教的作品里,不难找到慧骃和耶胡。如 Terence de Vere White, *A Fretful Midge* (London, 1957), p. 2.
[3] Brian Inglis, *West Briton* (London, 1962), p. 12.
[4] 参见 Fleming, *Head or Harp*, p. 33; Cronin, *Samuel Beckett*, p. 26.
[5] Inglis, *West Briton*, p. 12.
[6] Ibid., p. 27.

激烈的方式，来表达对新爱尔兰国歌、黑棕部队、盖尔人运动、贝尔法斯特滚球手、德·瓦勒拉和"英式欺诈"的憎恨。[1] 正如《爱尔兰时报》（Irish Times）的著名编辑罗伯特·斯迈利（Robert Smyllie）一口咬定的那样，爱尔兰新教中产阶级必然与自由邦达成某种和解。[2] 因此，留居爱尔兰的新教中产阶级就这样被盎格鲁-爱尔兰人的态度长期而又缓慢地侵蚀了。

贝克特打算离开爱尔兰。这并不意味着他的作品不是对英爱"衰落过程"的讽喻[3]，或不是对1922年后爱尔兰新教自我抹黑和日渐贫困的讽喻。但在他早期故事集《徒劳无益》（More Pricks Than Kicks）里，身份认同的问题最为关键。故事发生在都柏林，并集中于都柏林的周边环境。故事关注的是，在新独立的爱尔兰，都柏林究竟有（没有）为年轻聪颖的新教爱尔兰人提供（知识、社交和性爱的）机遇。主人公贝拉夸（Belacqua）是都柏林一个中产阶级知识分子，信奉新教。因此对于整个爱尔兰，尤其对于都柏林来说，他都处在一个非常模棱两可的地位。这本书就这样漫不经心地，带着一种刻意的疏离，在时而相互抵牾的立场之间来回穿梭。

---

1 Inglis, *West Briton*, p. 29.
2 Ibid., pp. 53, 199.
3 De Vere White, *A Fretful Midge*, p. 2.

爱尔兰新教徒的贫困:"大宅"废墟,1923年。

贝拉夸拿不准自己能在多大程度上摆脱出身文化。以《徒劳无益》的第一个故事《但丁与龙虾》("Dante and the Lobster")为例,那个所谓的马拉海德(Malahide)谋杀犯亨利·麦凯布(Henry McCabe)是故事的主角。麦凯布曾为都柏林郊区马拉海德一个富裕家庭做园丁,那家还雇有两个用人。1926年3月26日,麦凯布向警卫队报警,称房子着火了,最终警卫发现家属和用人总共六具尸体。当局推断,房子是被人故意纵火,尸体上还有砒霜和暴力的痕迹。

麦凯布因此被指控谋杀。他被捕、审判和上诉,在爱尔兰引起轰动,并被媒体广泛报道。虽然并没有决定性证据能将其定罪,控方对被告犯罪动机的解释也出奇薄弱,

"拉曼查"：1926年"马拉海德谋杀案"现场。

但麦凯布仍被判处死刑。《但丁和龙虾》告诉我们，这个判决引起公愤，引来一份"请求宽恕的请愿书"，由"半数当地人签署"（MPTK，第17页）。这一点可能与现实有些出入。但最重要的是，贝克特将1926年的爱尔兰描述成为一个在涉及死刑的法律案件上一分为二的国家，爱尔兰共和党人和民族主义者都非常关心爱尔兰的法律问题。爱尔兰有自己的古老法律体系，即布莱洪法（Brehon Law），从1169年英格兰入侵爱尔兰时业已存在，一直延续至17世纪。不过自1169年起，它逐渐被殖民者法律、王室法和英国司法程序体系取代，确立了包括定罪（或无罪）、惩罚乃至死刑在内的一系列司法程序。

不过在政见冲突且民族主义盛行的爱尔兰，人们始终认为英国法律是舶来品，强加在一个不情愿的民族身上。

这种信念在19世纪的历史学家、古物学家和学者手里得到强化，他们重新发现布莱洪法。布莱洪法律委员会由此成立，该委员会制定了《爱尔兰古法》(*Ancient Laws of Ireland*)，一套六卷本，使人们了解殖民统治之前，爱尔兰的法律传统是什么，并因此可以想象如果没有殖民统治，爱尔兰的法律传统会怎么样。尤其与英国王室法抵牾的是，布莱洪法没有国家支持的执行系统。20世纪20年代，爱尔兰的最大分歧是，它应该在多大程度上放弃自身，去保留英国的传统并对英国王室效忠。继续由国家执行死刑就是一个遵守英国王室法的问题。从广义上讲，质疑英国法律传统是爱尔兰民族主义的体现，而捍卫英国法律传统的立场则与爱尔兰的英格兰人（包括贝克特和贝拉夸阶级）的利益一致。

因此，《徒劳无益》从涉及王室法的问题开始并非无心插柳。亨利·麦凯布于1926年12月9日星期四去世，《但丁与龙虾》的故事背景就设立在前一天，12月8日。这个故事梳理了贝拉夸在死刑问题上转变立场的过程，他的立场更像是民族主义者的立场，而不是英爱立场。故事伊始，贝拉夸对麦凯布的事漠不关心，还在报纸刊登的麦凯布的照片上切了一块面包。反之，在故事的结尾，他变得异常悲伤：

> 还有可怜的麦凯布，天一亮他就会在脖子上得到怜悯。

他现在在做什么,他感觉怎么样?他可能想再吃一顿,再睡一晚吧。(*MPTK*,第 20 页)

在故事结尾,重心落在"献祭的重压里有仁慈,对抗审判的欢愉里也有些许仁慈"(同上)。在这个结尾里,贝克特谨慎地对殖民者遗留给新独立的爱尔兰的法律哲学问题提出了质疑。

在这个结尾,我们看到贝拉夸终于摆脱他在课堂上或多或少自动形成的思维习惯,但在其他地方,我们却看到他仍然延续着那些习惯。而且他对麦凯布的同情,本身就非常矛盾。只有在一只活龙虾即将被煮熟的情况下,他才能恰如其分地感受到一个生物突然陷入死亡的痛苦,这一点排除了他代表麦凯布产生新生情绪的可能。事实上,在结尾最后一行,贝克特甚至不得不亲自出场纠正贝拉夸的问题。贝拉夸决定放弃这种关怀的冲动:"算了……死得很快,上帝保佑我们所有人。"作者则巧妙地反驳:"并不会。"(*MPTK*,第 21 页)贝拉夸直到最后都含糊不清、温温吞吞,徒劳陷入一堆逸闻琐事之中。

20 世纪 20 年代后期,相比爱尔兰,作为中产阶级新教知识分子的贝拉夸处在一个更加深刻的模棱两可的位置上。虽然牺牲了英爱复兴时期的文学遗产,《徒劳无益》还是妙趣横生。如果说贝拉夸轻视英爱复兴主义文化的种种特征,那么他对新的民族主义文化也同样不屑一顾。虽然皮尔斯大街是"一条最舒适的街",但为这条街命名的帕特里克·皮尔斯(Patrick Pearse)[1]还是令贝拉夸不悦(*MPTK*,第43页)。法律与秩序都由粗暴的国民警卫维护。新独立的都柏林,其主要特色之一竟是"伯利恒之星"("Star of Bethlehem"),也就是英国著名出口商品保卫尔牛肉汁(Bovril)的大广告牌。(*MPTK*,第53页)叙述者还提到,非利士人在都柏林国家美术馆佩鲁吉诺(Perugino)的画作《圣殇》(Pietà)上方加了一块"闪闪发光的玻璃橱窗"(*MPTK*,第93页)。面对种种历史惨败,贝拉夸希望圣三一大学能够永垂不朽也就不足为奇了。在《徒劳无益》的角落和缝隙里,潜藏着一种对于灾难历史的意识,这种意识一直延伸至贝克特后期作品。然而在这本书里,灾难主要表现为眼前的灾难无法与历史大灾难相提并论,都柏林因此只是一个"悲剧的故乡,被恢复和扩大了"(同上)。

对于赖以发迹的出身文化,贝拉夸既想摆脱,又不愿意摆脱,这种矛盾心理就是《徒劳无益》的特色。更重要的是,贝拉夸并不严肃,因为他栖息在文化无人区。他的女友、婚姻和风流韵事同样具有不确定性(或缺乏果断)。这种性冷淡主义(sexual Laodiceanism)也是在《徒劳无益》之前贝克特雪藏多年的一部小说的主题,而且该小说的标

---

[1] 爱尔兰诗人、民族主义者与政治家,1916年复活节起义的领导人之一。——译者注

题就巧妙又精准（且强烈）地传达了这一冷淡，那就是《梦中佳人至庸女》（*Dream of Fair to middling Women*）。这部小说的主要人物也叫贝拉夸，这位贝拉夸的情感关系体现为一系列选择对象，将性与文化杂糅到了一起：温妮（Winnie）是善良年轻的新教资产阶级，露西（Lucy）是女骑师，塞尔玛（Thelma）是都柏林新兴小资产阶级，鲁比（Ruby）是爱尔兰小镇的工人阶级，而斯梅拉迪娜（Smeraldina）充满了异域情调。这在一定程度上是贝克特本人在20世纪20年代至30年代初真实处境的反映。他爱上了艾瑟娜·麦卡锡（Ethna MacCarthy），圣三一大学非常有魅力的一个女学生［后来嫁给贝克特的好友康·莱文塔尔（Con Leventhal）］；也爱上了有一半犹太血统的表亲佩吉·辛克莱（Peggy Sinclair），她随家人搬去了德国；后来在巴黎，贝克特又与乔伊斯的女儿露西亚（Lucia）有些暧昧。在关于贝克特的心理剧目中，还不时有其他一些女性若隐若现。

贝克特从他早期与女性交往的经历里提炼出一些特征，注入《徒劳无益》，并使那些女性更集中于爱尔兰。他所遵循的创作原则在他之后的作品里屡见不鲜：把自己经历的不确定性组织成为不确定性。正如他把贝拉夸的早期情感生活抽象化，编成一种飘忽不定，他也为爱尔兰长期以来讽喻女性的传统创造了一种新形式。而他还同样讽喻占主导地位的民族主义传统，使该传统服务于它不曾意想的目的，同时扩展了它的范围。他所表达的，并不是当下爱尔兰胜利阶级的志向，而是历史上被击败、被淘汰阶级的亡命之心。贝拉夸最终选择谁其实无关紧要，紧要的是，他头脑中的各种"力量"终于不再"相互角力"（*MPTK*，第136页）。他并没有做出决定性选择，他被剥夺了让自我定义成为可能的文化基础。从某种意义上说，他交往的所有女人都一样，因为他与她们的关系都无法定义他自身。选择本身向内崩溃，贝拉夸的死亡不期而至，就这样随机地分布在一个无限扩展的序列末端。

"这些老太婆，爱尔兰到处都是她们。"

长远看来，《徒劳无益》与贝克特的其他创作都不太一样。这本书以一种与众不同的方式见证了自1922年以来，都柏林新教中产阶级越来越被迫进行的重新调整。[1] 但这是一种沉闷的临床方法,激发起一种饱受创伤却无能为力的权威艺术。总的说来,贝克特所在阶级要么剥削,屈尊俯就地对待那些自古以来遭受掠夺和剥夺的人,要么就是忽视他们。然而,在《徒劳无益》之后,贝克特本人越来越强烈地认同"另一个爱尔兰"的历史悲叹。他的童年世界充满了脆弱的存在,从某种意义上说,充满无足轻重的人。他们本不会对贝克特产生影响,例如那些流走的乞丐、福克斯罗克后巷的补锅匠,还有格伦库伦(Glencullen)附近贫苦的石匠。在短剧《不是我》(Not I)中,贝克特提到一个疯婆子:"有许多这样的老太婆,在小路上、沟渠里、树篱旁跌跌撞撞地走。爱尔兰到处都是这样的人。"[2] 但他的童年经历使他能够"意识到"周围人的"不幸"。[3] 这些不幸由此渗透进入他的创作里。

新教中产阶级拒绝为另一个爱尔兰承担任何历史责任。很难说贝克特也这样,但这种思维潜伏在他笔下人物的独白和台词里。他过于谨慎,过于敏感,无法想象与另一个爱尔兰实现真正"认同"。因此,"没啥好做的"(CDW,第11页);没有,除了接受一项特定的"表达的义务"(DI,第139页)。诚然,在贝克特看来,表达会滋生压

---

[1] Mutatis mutandis,同样的例子也适用于 Y. B. 叶芝的作品,那是贝克特的最爱。
[2] 引自贝克特写给艾伦·施奈德(Alan Schneider)的信,Cronin, Samuel Beckett, p. 26.
[3] 引用不明,ibid., p. 14.

抑。在《等待戈多》里，幸运儿（Lucky）庄严而又荒谬的独白实在太有冲击力，以至于最后其他人都起来，猛然把他扑倒在地。但是表达的义务也坚定重申自身立场。另一个声音的主张永远不会停止，因为它的历史条件使它完全不可能被占有。这一点在《不是我》中尤为突出。

在20世纪20年代爱尔兰动乱时期，女仆对德·维尔·怀特（de Vere White）的母亲说："等事情办完了，太太，你就是我们，我们也就是你。"[1] 历史一再证明，也如贝克特所敏锐意识到的那样，这是不可能的。这也是《大宅》（*The Big House*）里，凯特（Kate）不切实际的希望。她意识到"鸿沟仍然存在"，而且不可逾越。[2] 如果她想留在爱尔兰并委身于此，她就必须有这样的自知之明。即使她为自己争取到新的身份，那也是片面的、不完整的身份。贝克特的利益与凯特不同[3]，但他表达了和凯特一样的观点，尤其体现在《终局》里，哈姆对他人的痛苦表现出不胜其烦的厌弃。至于《终局》则被认为暗指爱尔兰（我们将看到另一种解读方式），而哈姆那悲惨遭遇与麻木不仁的杂糅是对一个阶级之虚伪的双重讽刺，用布莱恩·英格利斯的话来说就是："另一个爱尔兰"是"一个被围坐茶几边

---

[1] 范德莱尔家的女仆：德·维尔·怀特的本名是伯纳德·范德莱尔（Bernard Vandeleur）。De Vere White, *A Fretful Midge*, p. 11.
[2] Lennox Robinson, *The Big House: Four Scenes in its Life* (London, 1928), p. 60.
[3] 虽然他观看过伦诺克斯·罗宾逊至少两部戏剧演出。参见 Vivian Mercier, *Beckett/Beckett* (New York, 1979), p. 23.

的谈话赞颂的民族，但仍然是野蛮人"[1]。哈姆对那些微弱的、自我净化的幻想不感兴趣，他异想天开地认为只要压迫方与被压迫的另一方握手言和，历史的苦难就能得到补偿。贝克特认为，在爱尔兰文化里，任何为自己寻求新身份的想法都注定落空。因此，他将目光投向别处也就不足为奇了。

---

[1] Inglis, *West Briton*, p. 22.

2 一文不值：巴黎和巴黎高等师范学院，1928—1930

贝克特在圣三一大学现代语言学院表现优异，成为罗德莫斯-布朗的得意门生。1927年，罗德莫斯-布朗就曾提议贝克特代表圣三一大学，赴法国巴黎高等师范学院担任英语交换教师。但由于岗位前任托马斯·麦格里维（Thomas MacGreevy）在高师继续留任一年，贝克特直到1928年11月才赴职。贝克特抵达高师时，麦格里维仍住在那儿。

麦格里维在巴黎高师又多待了几年，在此期间与贝克特成为终生挚交。麦格里维不愿离开巴黎情有可原，他是一位诗人，求知旺盛，且热爱现代艺术。1928年彼时，世界上没有比巴黎左岸（*rive gauche*）更好的地方了。贝克特很快就意识到左岸之好。在《梦中佳人至庸女》里，贝拉夸在巴黎时，把钱都花在了"音乐会、电影院、鸡尾酒、剧院、开胃酒"上〔尤其是"差强人意的柑桂酒"和"触目皆是的菲奈特-布兰卡酒……就像莫里亚克（François

Mauriac)的短篇小说写的一样",*DFMW*,第 37 页]。贝克特的作风也与贝拉夸相似,养成长期参观画廊的习惯。来巴黎的头几年,他沉迷先锋派,兴趣与日俱增并加入了先锋派的圈子。在 20 世纪 20 年代末的巴黎,超现实主义者也火力全开,小杂志越办越好,其中包括尤金·乔拉斯(Eugene Jolas)的杂志《转变》(*Transition*)。这家刊物刊发了乔伊斯《进展中的作品》(*Work in Progress*),最终也成为贝克特的第一发行商,尤值一提的是,它出版了贝克特的短篇小说《臆断》("Assumption")。

贝克特与乔伊斯这两位现代主义先驱结缘,并非由于任何不可抗力的神秘法则,而是由于两人的爱尔兰亲缘关系。去巴黎前,贝克特就非常钦佩乔伊斯和他的作品。去巴黎时,贝克特带着哈利·辛克莱(Harry Sinclair)的介绍信,辛克莱曾在都柏林与乔伊斯结识。更关键的推引人物是麦格里维。至 20 世纪 20 年代末,乔伊斯身边已经塑成固定的朋友圈,其中爱尔兰同胞地位特殊。朋友们鼎力支持乔伊斯:听其差遣,鞍前马后,缓急相济;如有必要,还惠及乔伊斯的朋友。最重要的是,他们誊写并研究《进展中的作品》,为乔伊斯读书并向他汇报。和布瑞恩·科菲(Brian Coffey)和亚瑟·鲍尔(Arthur Power)一样,麦格里维也是年轻的爱尔兰作家和诗人小团体中的一员,他们凝聚在大师乔伊斯身边,不时为他效力。

麦格里维将贝克特引荐进乔伊斯的圈子。不久,贝克特也开始为最终被称为《芬尼根的守灵夜》（*Finnegans Wake*）的巨著助研。乔伊斯显然发现了这个年轻人的潜力，因为他很快就授意贝克特为其文集《对〈进展中的作品〉事实虚化上正道的审核》（*Our Exagmination round his Factfication for Incamination of Work in Progress*）撰写文章。贝克特的文章成为该文集十二篇里最发人深省又最夺人眼球的一篇，它揭示了贝克特后来关注的问题，就像揭示了乔伊斯的问题一样。

不论是否在精神上惺惺相惜，两人初交甚笃，只不过好景不长。1928年至1930年间，乔伊斯的女儿露西亚尚未精神紊乱、心智失调，这些毛病直到20世纪30年代才开始困扰她（和她的家人）。因贝克特已是她家好友，两个年轻人一拍即合也是情理之中。除了在自家会面，她还会去巴黎高师找贝克特，两人一同出游。他们时而如胶似漆，旁人也就自然将他们视为情侣。露西亚也不分彼此，至少她曾热烈憧憬着尽快与贝克特结为伉俪。但是露西亚彼时已经表现出反复无常的迹象，而贝克特献忠的其实是她的父亲，乔伊斯本人。不幸发生，这个年轻人笨拙地打碎了乔伊斯女儿的迷梦，还带着一点他本人后来意识到的"学究气"（*CP*，第7页），令露西亚痛苦不已。乔伊斯则盛怒难忍，立禁贝克特与他和家人继续交往接触。但如果乔伊斯洞察出女儿精神状态的全貌，他的怒气可能会有所消减。彼时，贝克特沮丧地认定，自己辜负了乔伊斯的信任，后者不仅是现代文学的巨擘,而且还是贝克特心目中的"英雄人物"和崇拜对象。[1]

关注"左岸贝克特"的人往往从一个老生常谈的角度阐述贝克特法国事业的开端,这种视角至少有一点值得怀疑:这位杰出的准现代主义者很快就在国际、世界和先锋派领域声名鹊起,他也的确实至名归。[2] 乔伊斯的确是他的通行证,既将他领向国际现代主义的广阔天地,也将他领向罗伯特·麦卡蒙(Robert McAlmon)所说的"群英荟萃"的一方沃壤。[3] 这就使得贝克特进退维谷:他只不过是一个忧郁的现代主义者,就像一个局促不安的边缘人物。他经常出没这个圈子,虽不是圈子核心,却归属其中。他不喜欢很多海外而来的现代派作家,包括海明威其人和温德姆·刘易斯(Wyndham Lewis)其文,这是贝氏诸多特质之一,并不符合人们对他的看法。总之,左岸文化不一而足。

与其他外籍人士不一样,贝克特打算在巴黎永久定居。他迷恋巴黎的语言和文化,后来既是爱尔兰人,也成了法国人,他的伴侣和许多亲密友人也都是法国人。贝克特不

---

[1] Suheil Badi Bushrui and Bernard Benstock, eds, *James Joyce: An International Perspective: Centenary Essays in Honour of the Late Sir Desmond Cochrane*, (Gerrards Cross, 1982), p. vii. 书中包括贝克特的致辞和传记作家理查德·埃尔曼(Richard Ellmann)撰写的前言。

[2] 例如参见 Lois Gordon, *The World of Samuel Beckett 1906—1946* (New Haven and London, 1996), chap. 2 (pp. 32—52)。

[3] 这是罗伯特·麦卡蒙自传的标题。参见 *Being Geniuses Together*, (New York, 1968). 凯·博伊尔(Kay Boyle)为其撰写附录和后记。

像庞德那样无牵无挂,也不像庞德那样特立独行。他虽然有些古怪,实际上却是一个忠贞不渝、落地生根的人。他在巴黎扎根,这一点其他外籍作家都做不到。特别是当他还自视为大学教工而非作家的时候,他就已经在巴黎高师生活和工作了两年。

巴黎高师和巴黎其他名校也不一样。它诞生于雾月政变(1794年10月30日)。联合创始人之一约瑟夫·拉卡纳尔(Joseph Lakanal)认为高师将成为一道纯净而又明亮的光之源。第二位联合创始人多米尼克·约瑟夫·加拉(Dominique Joseph Garat)是一位孔多塞信徒,他称高师可能是"全球首个"教育工程,在一个平等的社会里"重建人类理解"。[1] 男爵兼政治家普罗斯珀·德·巴朗特(Prosper de Barante)认为高师旨在转变"理性和智慧的法则"本身。[2] 从更实际的角度来说,加拉和拉卡纳尔还希望高师不仅培养启蒙导向的知识分子群体,而且为新共和国培养国家精英和教师骨干。高师起初疯狂、冒险、混乱,很快被当局镇压,后又由拿破仑复兴。这个新生机构招生规模很小,以优异成绩为标准,并实行半军事化管理。

高师随后的发展历史精准地攫住了时代精神,其命运

---

[1] 引用不明,Nicole Masson, *L'École Normale Supérieure: Les chemins de la liberté* (Paris, 1994), p. 12.
[2] Barante, *Histoire de la Convention Nationale* (6 vols, Paris, 1851-3), VI, p. 78; 引用 A. J. Ladd, *École Normale Supérieure: An Historical Sketch* (Grand Forks, ND, 1907), p. 14.

取决于政治体制。1814年波旁王朝复辟，高师再度被怀疑是煽动"造反精神"的"自由主义巢穴"[1]，并再次遭到压制。随着1830年七月革命爆发，它迅速振兴，但没得到第二帝国的信任。教育部长希波利特·福图尔（Hippolyte Fortoul）计划"降低该校知识教养的程度"[2]，并乘机使其哲学瓦解为逻辑学，使历史教学消失、图书馆时间缩短，并安排政府间谍进课堂。不出所料，巴黎高师再次沉寂。

1848年，高师大多数人加入国民自卫军，反对革命事业；他们并不一定热衷革命政治，却通过颠覆正统观点、藐视约束制度和镇压手段，一再体现出共和主义精神。最重要的是，他们坚持知识独立的原则，高师人吉恩·吉劳杜（Jean Giraudoux）称其为"特殊而又澎湃的个体生命"[3]。巴黎高师沿革出一套含蓄的道德判断准则，确实卓有成效，仿佛"在地球上首度出现"。这便是预期的"高师"，充满希望。因此，虽然高师人不常遭左翼人士憎恨，却总是政府右翼的眼中钉。高师人还频频出色地回应19世纪法国严重的道德危机，尤其是在19世纪90年代的德雷福斯（Dreyfus）事件[4]中。

---

[1] 引用不明，Ladd, *École Normale Supérieure*, p. 33.
[2] Robert J. Smith, *The École Normale Supérieure and the Third Republic* (Albany, NY, 1982), p. 16.
[3] In *Littérature* (Paris, 1941)；引自 Masson, *L'École Normale Supérieure*, p. 73.
[4] 即19世纪90年代，法国军事当局对军官阿尔弗雷德·德雷福斯的诬告案。——编者注

像传统的高师人那样站上学校的屋顶。

高师培养出一大批杰出人物，例如19世纪30年代的米舍莱（Michelet）、库辛（Cousin）和巴斯德（Pasteur），70年代的柏格森（Bergson）和饶勒斯（Jaurès），80年代的杜尔凯姆（Durkheim），和90年代的莱昂·布鲁姆（Léon Blum）和查尔斯·贝矶（Charles Péguy）。现代高师最卓尔不群的人物，一位是吕西安·赫尔（Lucien Herr），他通晓多语、博学多才,是个立场坚定的社会主义者,也是高师杰出的图书馆馆长。正是赫尔代表德雷福斯,跳上自行车,唤醒高师人的良知。赫尔对贝克特所熟悉的那个高师产生了深刻影响,至贝克特到高师的两年前去世。另一位是厄内斯特·拉维斯(Ernest Lavisse)。在拉维斯的领导下(1904—1919),高师精神向无政府主义方向发展,崇尚自由无纪。20 世纪 20 年代,高师人会深夜游荡在屋顶,穿着睡衣出去喝酒,在鱼塘里晃着脚,或蹲在戈贝林大街(Avenue des Gobelins)只需三法郎的影院里看巴斯特·基顿(Buster Keaton)和哈罗德·劳埃德(Harold Lloyd)的电影。[1] 贝克特在《梦中佳人至庸女》里就捕捉了一些巴黎的场景,瓦格纳的追随者利博尔(Liebert)穿着运动裤去看《瓦尔基里》(*Die Walküre*)[2],结果被拒绝入场:"回去,换掉你那条骑自行车的运动裤。"(*DFMW*,第 37 页)因此,巴黎高师也吸引旷世奇才。安德烈·莫洛亚(André Maurois)、雷内·克莱尔(René Clair)和特里斯唐·查拉(Tristan Tzara)都曾赴高师访问。高师尤其强调智识发展不受约束,如其所是,忠于自身。

的确,在 20 世纪 20 年代,尽管遭受破坏,但巴黎高师总的来说仍是一个"辉煌且富有生机"的机构。[3] 在这

---

[1] 关于这段生活的记录,可参见 Robert Brasillach, *Before the War*, trans. and ed. Peter Tame (Lewiston, NY, 2002), pp. 80 ff.
[2] 又译作《女武神》,是瓦格纳歌剧四部曲《尼伯龙根指环》的第二部。——译者注
[3] Masson, *L'École Normale Supérieure*, p. 50.

十年里，阿隆（Raymond Aron）、保罗·尼赞（Paul Nizan）、萨特、梅洛-庞蒂、西蒙娜·韦伊（Simone Weil）、阿尔伯特·洛特芒（Albert Lautman）和让·卡瓦耶斯都曾在此就读。再加上后来者的名字，高师荣誉知识分子的名单更惊人：塞泽尔（Aimé Fernand David Césaire）、列维-布留尔（Lucien Lévy-Bruhl）、阿尔都塞（Althusser）、福柯、德里达（Derrida）、阿兰·巴迪欧（Alain Badiou）、雅克·朗西埃（Jacques Rancière），等等。这份名单虽不详尽，但足以使其他机构的同类名单相形见绌。以英语为母语的贝克特研究者有时会淡化高师之于贝克特人生的重要意义。高师人可不这么认为，他们常称贝克特也是其中一员，不

巴黎高师"1924年出类拔萃的一届"，包括尼赞、阿尔弗雷德·佩隆（Alfred Péron）和萨特。

应忽视。由于法语母语研究者和英语母语研究者都各有权威，两者之间的矛盾，本身就透露出贝克特及其作品的重要之处。

高师精英们非常重视举世闻名的高师精神（esprit normalien），尤其对自己幽默的人生观引以为豪。高师人热衷对立，将习惯性（且滑稽）的不连贯视为美德。例如，1926年入党前，保罗·尼赞曾设法同时成为极端保守的教会卫士、忠诚的共产主义者、花花公子和先锋派，多重身份兼得。[1] 高师精神尤其体现在戏谑（canular）里，且被煞费苦心地设计成为诙谐、讽刺和玩笑。阿兰·佩雷菲特（Alain Peyrefitte）认为"戏谑"就是高师本身的"独特象征"。[2] 那些戏谑可以像庞大固埃一样粗野，也可以像于布王一样怪诞。[3] 它们在似是而非和极端矛盾里狂欢作乐，从荒谬里挖出意义，在老朽中享受，从贫穷和污秽里获得知识财富。[4] 它们还故意要诈。最成功的戏谑实际上和严肃的智力活动无异；又或者，正儿八经的忧虑也可变成戏谑。布尔巴基（Bourbaki）最终成为主流数学家群体的一个能指，但它最初只不过是一个留着胡子的神秘人物的名字，

---

[1] 参见 Michael Scriven, *Paul Nizan: Communist Novelist* (London, 1988), pp. 20—22.
[2] Alain Peyrefitte, *Rue d'Ulm: Chroniques de la vie normalienne* (Paris, 1963), p. 334.
[3] "庞大固埃"出自法国小说家拉伯雷于16世纪创作的长篇小说《巨人传》，"于布王"出自法国剧作家阿尔弗雷德·雅里模仿《麦克白》创作的《于布王》，属于荒诞派早期作品。——译者注
[4] Alain Peyrefitte, *Rue d'Ulm: Chroniques de la vie normalienne* (Paris, 1963), p. 343.

某天他出现在课堂，用一个纯属捏造的研究蛊惑了一群倒霉的新生。20世纪20年代高师就像卡罗尔式（Carrillian）仙境[1]，在那里，学问几乎离不开调皮的双关，知识话语的恶搞版本可能反而先于它的严肃版本。

然而，高师人的自我形象也有正襟肃然的一面，几乎是戏谑幽默的反面，一旦触及道德界限，便凛然不可动摇。弗朗索瓦·普鲁斯特（Françoise Proust）称之为"花岗岩尖"[2]，指一个人坚定且决不让步之处。它涉及理智原则，要求严格甚至极端一致，吕西安·赫尔和德雷福斯事件的当事人就是典型一例，高师人［二战中］"艰苦卓绝的抵抗运动"又是一例。[3] 诚然，高师也曾有人通敌，有其右翼分子[4]；但左翼和自由主义高师人才使其声誉更加卓著。他们孜孜不倦地追求事业，常常毫不留情地羞辱官方文化，并由此威望见长。萨特的介入（engagement）概念即显然属于这一传统。

戏谑传统和"花岗岩尖"之间有一个共同点：两者都肯定知识分子的权力和自主性，都相信心灵能够战胜普通环境。罗伯特·布拉西亚克形容高师是一个令人惊讶的"诗意无政府状态"的避难所、"一部脆弱的自由杰作"。[5]

---

1 路易斯·卡罗尔是《爱丽丝漫游仙境》的作者。——译者注
2 参见 Françoise Proust, *Point de passage* (Paris, 1994), pp. 25—26.
3 Smith, *The École Normale Supérieure and the Third Republic*, p. 131.
4 参见 Diane Rubenstein, *What's Left? The École Normale and the Right* (Madison, WI, 1990).
5 Brasillach, *Before the War*, p. 61.

贝克特笔下的莫菲（Murphy）说，以事实为依据的方案也许能解决问题，但仍需"以实际情况为准"（*MU*，第101页），这听起来很接近高师这种文化，让·卡瓦耶斯从中意识到不接纳事实的重要性，"因为，毕竟，它们只不过是事实"[1]。乔治·蓬皮杜（Georges Pompidou）认为高师奉献了一个精神的王国，而非现实王国。[2] 想法先于万物出现。贝克特也持如是观念，尽管以一种古怪荒诞的方式呈现，同样也是高师风范。

贝克特不太可能在高师和梅洛-庞蒂讨论现象学〔尽管胡塞尔（Husserl）于1929年曾在巴黎讲学〕[3]，也不太可能在那与萨特倾谈，但总有未卜先知者能从中窥见第一批存在主义的微小的种子。如果贝克特与萨特有幸交流，他们更有可能谈论约翰·辛格（John Millington Synge）和詹姆斯·斯蒂芬斯（James Stephens），因为萨特当时正如饥似渴地阅读二位的著作。[4] 尽管贝克特相当超脱，但他并非一个完全游曳在机构边缘的隐士。他有两位特别的朋友，乔治·佩洛森和让·波弗莱（Jean Beaufret），在挑剔的高师圈子里，这两位都不是边缘人，常被写进回忆录。在高师时，贝克特不时探望佩洛森。1926年，贝克特在圣三一

---

[1] 短语引自乔治·冈圭朗。参见 Georges Canguilhem, *Vie et mort de Jean Cavaillès* (Ambialet, 1976), p. 17.

[2] 参见 Peyrefitte, *Rue d'Ulm*, p. 15.

[3] 参见 Daniel Thomas Primozic, *On Merleau-Ponty* (Belmont, CA, 2001), p. 2.

[4] Ronald Hayman, *Writing Against: A Biography of Sartre* (London, 1986), p. 74.

大学结识阿尔弗雷德·佩隆，之后成为亲密好友，佩隆率先向他介绍了高师文化的方方面面。(从上学起)佩隆就是尼赞和萨特的朋友，萨特还曾与佩隆的表亲暧昧。后来佩隆在贝克特的人生中扮演了一个严肃的角色，且最后落入阴郁的意义。

贝克特对欧陆哲学的兴趣始于高师，他在那儿孜孜好学。[1] 在《梦中佳人至庸女》的巴黎片段里，人物吕西安（Lucien）引用了高师一个经典的哲学观点，即莱布尼茨关于无限小的物质结构的描述。[2] 在贝克特的作品里，高师文化素材随处闪烁。在《等待戈多》里，幸运儿那荒唐得离谱的独白可能就归功于戏谑：脖子上拴着绳子的人肯定会重新戴上。充斥在贝克特作品里的"伪情侣"，在高师也随处可见，例如萨特和尼赞形影不离，大家改称他们尼特（Nitre）和萨赞（Sarzan）。高师人还有一套暗语，嗜好语言的贝克特自然也对它了如指掌。以法语单词"pot"为例，贝克特在《瓦特》（Watt）里曾反复使用这个词的英语形式，这个词在巴黎用法更加纷繁，以至于高师人自己都

---

[1] 参见 James Knowlson, *Damned to Fame: The Life of Samuel Beckett* (London, 1996), p. 218.
[2] 这唤起一个世界，其中"'物质的每一部分都可以想象成为一个花团锦簇的花园，或鸢飞鱼跃的池塘'，此外，'植物的每一个分枝，动物的每一条肢臂、每一滴体液，都是这样的一个花园或池塘'"。参见 Nicholas Rescher, *G.W. Leibniz's Monadology: An Edition for Students* (London, 1991), p. 26; 和 *DFMW*, p. 47. 关于高师人对这段话的引用，可参见 Alain Badiou, *L'Être et l'événement* (Paris, 1988), p. 349.

摸不着头脑。"clou"一词被用于《终局》两大主角之一命名[1]，它是一个双关，也是高师俚语的一个关键词。高师人自称"cloutier"，意味着不值一文（"il ne vaut pas un clou"）。[2] 高师人喜欢自嘲，但这也是一种智力上的优越感。年轻的贝克特在性格和文化上都有自卑倾向。这种性格后来形成一部作品，极微妙地解构自我，并以此闻名。真是受到了高师的耳濡目染。

最重要的是，戏谑的精神，其委婉却不被削弱的讽刺力度，对野蛮创造力的反向推进，都对贝克特尤为重要。在他的文学、哲学和文化经历中，几乎没有别的特征比戏谑更接近他那复杂、古怪、独有的讽刺精神。早在1931年，从巴黎回来后，他和佩洛森就在圣三一大学现代语言学会的年会演讲中表达对高师精神的怀旧之情。二位表演了高乃依《熙德》(*Le Kid*)中的滑稽一幕，《熙德》正是一部"智力的'戏谑'之作"[3]。然而，高师玩笑在圣三一大学并没受到普遍欢迎，罗德莫斯-布朗甚至被激怒。

就在这之前几个月，贝克特还给现代语言学会提交了一篇关于"向心主义（Le Concentrisme）"的论文，鲁比·科恩（Ruby Cohn）形容这篇论文明显带有"一种戏谑的高师范"(*DI*，第10页)。首先，它看上去是一个关于

---

[1] 即克劳夫 clov。——译者注
[2] 参见 Rubenstein, *What's Left?*, p. 88.
[3] Knowlson, *Damned to Fame*, p. 125.

现代运动及其宣传的休闲短剧，取乐超现实主义的铺张和不连贯，并给出一连串令人多少有些困惑的定义。司汤达对小说有个经典定义，认为小说是在高速公路上滚行的一面镜子，贝克特笔下的让·迪·沙（Jean du Chas）则称"向心主义是楼梯上的一面棱镜"（*DI*，第41页）。文章里还有一些庞德式的激烈抨击，夹杂些许隐晦之意和艾略特的痕迹："在高乃依的男仆的过度庇护下，但丁的最后一丝愤怒也变成了一个疲惫的耶稣会士嘴里吐出的唾沫……蒙田化名为贝德克尔（Baedeker），上帝穿一件红色背心。"（*DI*，第39页）这篇论文略去广阔的文化史，尤其是19世纪的文化史，以一种漫不经心的宏大气魄，记刻某些现代主义人士的自我推崇。

然而，这篇文章并没有真正关注向心主义。首先，它更关心人们所推断的让·迪·沙的生活、思想和怪癖。其次，它的巴洛克风格和精巧形式都不是一个宣言应有的风格和形式。文章主要的文件来自一个不在场的第三方，文章开篇就提到，让·迪·沙曾在马赛的一个酒馆跟他打过交道，他把装有文件的包裹留给了让·迪·沙。不确定这封信的收信人和交文件的第三方是否同一人。科恩称《向心主义》一文嘲弄"迂腐之气"或学术，这有一定道理（*DI*，第10页），"把（让·迪·沙的）实质简化成了大学里的一阵嘱儿"（*DI*，第41页）。但这也有问题：这篇文章的形式不是一篇嘲弄的随笔，而是一个传记梗概；表达方式既不是学术性的,也不是学问性的。它比那些更像庞德:丰富、个性、多样、不卖弄学问,但杂乱无章。所以,这些材料的呈现也是现代主义风格:"向心主义"为我们提供了一种优雅的分层叙事,一种盒内有盒的结构,带有复杂的不确定性,就像纪德的《伪币制造者》(*Les Faux-Monnayeurs*)。纪德在这篇文章里也被反复引用,让·迪·沙就有一本纪德式的日记。

将"向心主义"看作戏谑也并非易事:从本质上说,戏谑是一个骗局,它能蒙蔽人。贝克特似乎并没有刻意隐瞒,现代语言学会里也没人上当。[1] 但有一种戏谑的张力力透纸背。首先,更复杂戏谑的典型特征是反讽形式倍增。在《向心主义》里,讽刺向内和向外双向转化。而且就像戏谑一样,这篇文章也以自相矛盾为乐。它似乎向纪德致敬,却又在文中随意驳回。它肆意挥洒,不加推理,漫溢着讽刺的意图,即使没有完全抛弃逻辑标准,却也表达出对之不以为然。这正是反讽的一种形式,至少自伊拉斯谟(Erasmus)以来就一直困扰着欧洲的传统。这种反讽没有根据,像一个陀螺在虚空中围绕自身旋转,戏谑讽刺亦是如此。因此,不论贝克特继承多少以斯威夫特和斯特恩(Sterne)为代表的英爱文学里那令人头晕目眩的讽刺传统,他也同样受到了高师人的影响。

---

1 参见 Knowlson, *Damned to Fame*, p. 122.

还有第三个例子可以说明贝克特身上的戏谑风格：1930年6月，就在发表《向心主义》前不久，他推出一首诗作《腥象》（"Whoroscope"），与《向心主义》一文两相呼应。他写这首诗是为参加一个比赛，由巴黎两位杰出的先锋派罗伯特·麦卡蒙和南希·库纳德（Nancy Cunard）发起。《腥象》一诗有效地将贝克特所熟悉的两种左岸文化联系了起来，实际上，贝克特充分利用了巴黎高师所能给予的东西来达到他的先锋目的。乍一看，《腥象》很像一件现代主义作品，例如它有一组尾注，意在解释诗中一些隐晦的典故，这不由得让人想起艾略特的《荒原》（"The Waste Land"）。此外，这首诗像一个笔记合集，主要由原始文本的碎片组成，尽管弱化了根本形式。在这首诗里，贝克特的创作手法与乔伊斯，或《诗章》（Cantos）里的庞德相似。

但正是这一点将该诗嵌进了一个现成的框架。《腥象》最后赢得比赛，然而哪怕这首诗在高师之外获得好评，其主要创作也是在高师内部完成的。马修·费尔德曼（Matthew Feldman）最近指出，贝克特借鉴了从巴黎高师图书馆，或从让·波弗莱那借来的素材。[1] 此外，这首诗的主题是笛卡尔的生平，换言之，它描述的是一位在高师

---

[1] Feldman, *Beckett's Books：A Cultural History of Beckett's "Interwar Notes"* (London, 2006), p. 47. 马修·费尔德曼说，贝克特至死都收藏着从让·波弗莱那借来的 L. Debricon, *Descartes：Choix de textes* (Fontenay-aux-Roses, 1892) 一书。

文化中举足轻重的哲学家。当然,在 20 世纪 20 年代确立笛卡尔在高师的重要地位并不容易。19 世纪末至 20 世纪初,加布里埃尔·莫诺德(Gabriel Monod)、约瑟夫·贝迪尔(Joseph Bédier)和古斯塔夫·兰森(Gustave Lanson)合力使得笛卡尔传统在巴黎得到"正式认可"[1],并持续至 20 世纪 20 年代。萨特年轻时就是一个热烈的笛卡尔主义者。[2] 与此同时,笛卡尔传统的拥护者与帕斯卡情感力的捍卫者、柏格森反理性主义的倡导者之间一直针锋相对。不过,据罗伯特·史密斯(Robert Smith)所言,笛卡尔所坚持的"思想优先性和独立性"始终雄踞巴黎高师传统之核心,"贯穿整个第三共和国"。[3] 这主要得益于莱昂·布伦施维奇(Léon Brunschvicg)的作品,是他把笛卡尔主义奠定为新理想主义的根基,尤其在 20 世纪 20 年代。然而即使对待笛卡尔,高师人也惯常不敬。在《梦中佳人至庸女》一书里,吕西安说那些"笛卡尔抱怨伽利略"的故事"大多都是他自己编的"(*DFMW*,第 47 页);用笛卡尔的词演唱"香颂"(*chansons*)也是当时流行的消遣。换句话说,笛卡尔也不能免于戏谑风气。

费尔德曼完美地粉碎了一个贝克特研究的传统,即惯于在贝克特作品里挖掘笛卡尔思想的深远影响。他令人信

---

[1] Smith, *The École Normale Supérieure and the Third Republic*, p. 77.
[2] 参见 Hayman, pp. 53—54, 60, 63.
[3] Smith, *The École Normale Supérieure and the Third Republic*, p. 78.

服地证明，贝克特对笛卡尔的认识很"粗浅"，"通常只找些概要性的二手材料"[1]；《腥象》毫无疑问是贝克特"用手头上的笛卡尔材料创作而来"[2]。换句话说，在这首诗里，贝克特对笛卡尔的处理完全是历史性的。首先，和《向心主义》一样，这首诗创作于贝克特对短暂生命形式进行讽刺性思考的时期（这也附带地让任何对这两点都感兴趣的人试图写一首）。其次，它将自己定位在一个高度竞争的领域，而且在很大程度上是与同代人竞争。因为，如果贝克特的诗在细节上大量引用笛卡尔文献，那么它也就从根本上背离了那些文献所关乎的笛卡尔哲学意义的更大命题。马哈菲曾写过一本关于笛卡尔的书，贝克特似乎在高师图书馆找到了它（可能早有所知）。虽然马哈菲不可能把笛卡尔变成一个新教徒，但他却把笛卡尔变成了现代性先锋，并将这种现代性与新教结合。反之，阿德里安·巴耶（Adrien Baillet）的经典之作《笛卡尔先生传》(*La vie de Monsieur Des-Cartes*, 1691）则将笛卡尔描述成一位善良、虔诚、积极的天主教徒——这本书虽然受到马哈菲的蔑视，但至今仍被朗西埃等人征引。[3] 此外，劳伦斯·哈维（Lawrence Harvey）认为笛卡尔的十二卷著作全集和查尔斯·亚当（Charles Adam）的传记都对《腥象》产生了一

---

[1] Feldman, *Beckett's Books*, p. 48.

[2] Ibid., p. 45.

[3] 参见 Jacques Rancière, *Le philosophe et ses pauvres* (Paris, 1983), pp. 7—8.

定影响[1],但如果贝克特真读了那些书,那么他会发现另一个笛卡尔,更居于高师文化中心,并且更契合高师精神(他也因此更容易遇到),即是一位启蒙思想家、进步革命哲学家,同时也是现代科学的奠基人。

但贝克特笔下的笛卡尔并非如此。从表面上看,贝克特对弥撒(the Mass)不敬,这使他似乎最接近马哈菲的判断。但是笛卡尔在一首不怎么优美的著名诗歌里,实际上用最美的诗行唤起了但丁的上帝。对贝克特解读笛卡尔人生影响最大的并不是笛卡尔的文本,而是《尤利西斯》(*Ulysses*)里斯蒂芬·迪达勒斯(Stephen Dedalus)对莎士比亚人生的解读(二者两相呼应)。贝克特犀利揭开了笛卡尔的神秘面纱,正如斯蒂芬揭开莎士比亚的面纱一样。贝克特常常故意显露异端邪说,也和斯蒂芬一样。当标准的叙述把笛卡尔塑造成为一个"思想有力"的人时[2],贝克特笔下的笛卡尔的"诗传"却四处漫射,且以不连贯为特征。这首诗本身不是笛卡尔式,尤因其前后矛盾。当然了,这种关于笛卡尔,却又非笛卡尔的拼凑式创作,看上去就非常戏谑。

《腥象》里还有更意味深长的反讽。虽然巴耶、马哈菲

---

1 Lawrence E. Harvey, *Samuel Beckett: Poet and Critic* (Princeton, NJ, 1970), pp. 8—66.
2 "Idées fortement enchaînées". Charles Adam and Paul Tannery, *Œuvres de Descartes*, 12 vols (Paris, 1897—1910), XII, *Vie et œuvres de Descartes* [by Adam], p. 559.

和亚当对笛卡尔的理解各自成趣，但他们都认可笛卡尔的思想意义重大，具有厚重性和连贯性。相比之下，贝克特的重点却落在笛卡尔偏爱用"孵化八至十天"的蛋做成煎饼（*CP*，第5页）。得吹毛求疵才能找到其中的一致性和"相关性"，如果不是神经兮兮的话。不过，《腥象》并不是一种简单的*归谬法*（*reductio ad absurdum*），只为简化笛卡尔哲学的铁律。因为贝克特还说"孵化的蛋如梭子一般，梳理他经纱般的时光"（同上）：鸡蛋孵化隐喻笛卡尔的工作和生活的进展；同时也隐喻一个胚胎，甚至一个"夭折的雏鸡"（*CP*，第4页）。这首诗有其"花岗岩尖"，甚至是岩尖之尖，是一种执着的零度意志。在这首诗里，和在以后对海德格尔的改编中，贝克特关注着物之极限，一如生命起始之初。

3 健全人的无情和狡诈：伦敦，1933—1935

1930年9月，贝克特从巴黎回到都柏林，开始在圣三一大学担任法语讲师。在某种程度上，他回到的其实是英国。他告诉麦格里维，福克斯罗克郊区使他产生了一种"理想的愚蠢"情绪，在这种情绪里，他会憨读《海滨杂志》(*Strand magazine*) 直到下午茶时间，或读《早间新闻画报》(*Illustrated Morning News*) 直到上床睡觉。[1] 他越来越觉得自己与爱尔兰的英国派头格格不入。他也发现自己越来越疏远罗德莫斯-布朗和他那盎格鲁-爱尔兰式的成见和行为举止，其中有一部分原因是后者对《熙德》大惊小怪。他还疏远学术界，疏远自己的上流背景。他的母亲扮演着倒霉却不知情的文化对抗者的角色：贝克特的一篇文章触怒母亲的新教神经末梢，

---

[1] 贝克特于1930年9月底致托马斯·麦格里维的信（具体日期不明）；引自 James Knowlson, *Damned to Fame: The Life of Samuel Beckett* (London, 1996), p. 120.

导致两人剧烈争执。此外,年轻气盛的贝克特,其疏离感还表现为厌恶职业。他有一句反复重申的名言:"不能忍受把自己都搞不明白的东西教给别人。"[1] 这种不愿高高在上去传授知识的苛刻态度有其历史的维度,因为英爱优越感不绝于耳,这让贝克特不胜其烦。虽然圣三一大学允许他带着这种优越感说话,但贝克特却无法认同。

这一点也不奇怪。爱尔兰局势动荡,那种带着优越感的声音其实越来越受到遏制。1927 年至 1932 年间,两个爱尔兰陷入冲突,一方逐渐取代另一方。威廉·科斯格雷夫和"自由邦民"逐渐失势,德·瓦勒拉和共和党则稳步掌权。这意味着局势向着强硬的天主教、反英和土地民族主义的方向发生决定性转变。如果我们把贝克特这些年的发展与一位比他年长的英爱作家 W. B. 叶芝进行对比,我们就能更清楚这一政治动向之于他的影响。20 世纪 20 年代末,叶芝发起运动,反对有关审查、离婚和盖尔语义务教育的新法案。1935 年,贝克特发表《自由邦的出版审查制》("Censorship in the Saorstat"),对(主要由"文人圈子"组成的)失势一党深表同情。[2] 这篇文章抨击天主教的真理社会,也讥讽作为"典型农业经济体"的爱尔兰,和让"襁褓期工业"遭遇可怜的"阵阵鼻塞"的爱尔兰

---

[1] 贝克特不断重复这句话。Ibid., p. 126.
[2] J. H. Whyte, *Church and State in Modern Ireland 1923—70* (Dublin, 1971), p. 61.

(*DI*,第86页)。最后这句讽刺是民族主义者对工业发展寄予的厚望,当时实际上已经落空了。

"由天主教思想独裁的爱尔兰":1932年在都柏林奥康奈尔街(O'Connell Street)举行的圣餐大会。

1932年大选后,爱尔兰废除《英爱条约》,颁布新宪法,并切断与英联邦的纽带;1933年继而废除参议院,放弃效忠宣誓。此后,叶芝越来越反对"这个由天主教思想统治，且由天主教思想独裁的爱尔兰"。[1] 他对新教徒在爱尔兰的地位和处境感到忧惧，并因此逐渐放弃同情天主教民族主义。至1934年，他甚至开始反对民主，提倡一种怀旧的理念，主张由英雄人物统领贵族化社会。贝克特不打算走这条弯路。在《近年爱尔兰诗歌》("Recent Irish Poetry", 1934) 里，贝克特承认叶芝编织了"最好的绣品"，但他谴责这些绣品"引向［凯尔特］薄暮"(*DI*，第71页)，且谴责绣品里保守的怀旧主义［影射叶芝的《库尔庄园与巴利里》("Coole Park and Ballylee")］，及其制造的"一段又一段老套枯燥的神圣和可爱"(同上)。[2] 贝克特并不赞同叶芝所谓的"整个凯尔特的外倾性"(*DI*，第73页)。爱尔兰也散居着一些现代思想家，如麦格里维、丹尼斯·德夫林 (Denis Devlin) 和布瑞恩·科菲，但他们所提供的主流文化选择最终也同样都是死胡同。

因此，无怪贝克特在1931年底放弃了圣三一大学教职。他逃到德国辛克莱家，辗转巴黎，落脚伦敦格雷律师学院路 (Gray's Inn Road)，然后又返回都柏林。回去后仍与母亲不睦。在都柏林这段时间，他的生活优柔寡断，漫无目的，充满痛苦、紧张和不幸。1931年12月，他遭遇

---

[1] 这句话引自叶芝在参议院的一次演讲。参见 Donald R. Pearce, *The Senate Speeches of W. B. Yeats* (Bloomington, IN, 1960), p. 92.
[2] "我们是最后的浪漫主义者——被选为主题/传统的圣洁和可爱"，引自 W. B. Yeats, "Coole Park and Ballylee", *Poems*, ed. A. N. Jeffares, with an appendix by Warwick Gould (London, 1989), p. 360.

车祸，车上的艾瑟娜·麦卡锡伤得比他更严重；1933年5月，佩吉·辛克莱去世；1933年6月，贝克特的父亲去世。贝克特深爱父亲，尤其热爱父亲的正派和热情。父亲的离去，使贝克特与此地脆弱的关系彻底崩断。贝克特很快又逃向伦敦，于1933年至1935年一直待在那儿。

贝克特笔下的伦敦是一个奇怪又醒目的地方。在某种程度上，对待作家和对待城市一样，必须把他们的不同片段拼凑起来，同时勾勒出更有代表性的特征。1922年后，爱尔兰南部新教徒大量外流，爱尔兰新教文化已经走到历史的尽头。新教徒所遭受的政治和文化权力上的巨大损失，也导致工作上的歧视和逼仄。唐纳德·阿肯森（Donald Akenson）的研究表明，1911年至1926年间，爱尔兰南部有三分之一的新教徒离开了爱尔兰。[1] 贝克特就是在都柏林郊区一个富裕但新教徒日渐稀少的社区长大的，他不可能没有注意到新教徒外流的现象。1933年，他自己也成为出逃英国的一分子。

这一点也不奇怪。1922年后，与其他国家移民英国的人相比，爱尔兰人更有优势。根据1921年《英爱条约》，爱尔兰人保留自由进入那个古老殖民国家的历史权利，即使在没有签证或工作许可的情况下。不过，不像19世纪移民选择苏格兰和英格兰北部的工业地区，新时期的爱尔兰

---

[1] Donald Harman Akenson, *The Irish Diaspora: A Primer* (Toronto, 1993), p. 51.

移民喜欢落脚伦敦及相邻各郡，如《莫菲》里描述的那一两个地方。这里不仅是英格兰最富裕的地区，而且也是英国保守派和中产阶级传统的堡垒，因此更适合英属殖民阶层的避难者。19世纪，爱尔兰去英国的移民主要是穷人和工人阶级；反之，到了20世纪20年代和30年代，"一个更上流的移民阶层"涌起[1]，他们拥有更高的社会地位，受教育程度也普遍更高。

然而，如果爱尔兰新教徒移民东道国时，仍然带着他们在原爱尔兰社会和文化地位里长出的期待，那么这些期待多少会被粗暴打破。虽然爱尔兰新教徒在爱尔兰时便长期认同英国文化，但这并不意味着英国文化会张开双臂欢迎他们，或将他们视为志趣相投的同胞。去英格兰时，新教徒自认为是英国人，然而一旦踏上英国国土，他们就会发现，自己终究是爱尔兰人。更甚的是，任何一个爱尔兰人在英国都可能被刻板印象审视，这种刻板印象由来已久，英国人普遍对"爱尔兰人（the Paddy）"抱有一种随意的蔑视。乌尔坦·克劳利（Ultan Crowley）说，1922年至20世纪40年代，反爱情绪在英国尤其盛行，是英爱战争和爱尔兰独立的遗留问题。[2] 那些爱尔兰移民，无论他们是新教徒还是天主教徒，只要一开口便身份可疑，根本没有现

---

1 Graham Davis, "The Irish in Britain 1815—1939", in *The Irish Diaspora*, ed. Andy Bielenberg (Harlow, 2000), pp. 19—36 (p. 32).
2 Ultan Crowley, *The Men Who Built Britain: A History of the Irish Navvy* (Dublin, 2001), p. 132.

成的新英国人身份给他们。这种敌意并不区分新教徒或天主教徒：英国人基本上免疫于对任何区别对待的诉求。对英国人来说，爱尔兰人都如同莫菲；这可能正是贝克特给他那不寻常的主人公取这么一个普通的爱尔兰天主教名字的原因之一。[1]

贝克特分享了他作为新教移民在伦敦生活的两面性。一方面，他得到相对不错的恩惠。麦格里维在国王路附近的波尔顿广场（Paulton's Square）给他找了一个住处。这件事并不像表面看上去那么偶然：1931年的人口普查显示，伦敦切尔西区聚集了大量爱尔兰人。[2] 同时，贝克特离一个即使不算高贵，但至少也令人尊敬的社会环境并不遥远。例如，麦格里维本人就与海丝特·道登（Hester Dowden）比邻而居，海丝特的父亲是爱德华·道登（Edward Dowden），曾任爱尔兰自由联盟秘书长、爱尔兰工会联盟副主席，至1913年去世时成为圣三一大学最杰出的文学教授。贝克特偶尔会和海丝特在夏纳步道（Cheyne Walk）的花园里演奏钢琴二重奏，那里有茶杯、哈巴狗和暹罗猫。这个画面耐人寻味。同样，他去伦敦也受益于新中产阶级的灵丹妙药——精神分析，贝克特的母亲付费让他接受治疗。他的分析师是威尔弗雷德·拜昂（Wilfred Bion），一位个性独特、聪明出众的绅士，有殖民地生活背景，受过良好的英式教

---

[1] 感谢罗南·麦克唐纳（Ronan McDonald）向我提出这个问题。同样参见 n. 19.
[2] Enda Delaney, *The Irish in Postwar Britain* (Oxford, 2007), p. 90.

育,此外还曾积极参战。二位先在塔维斯托克(Tavistock)诊所会诊,然后转去知识分子阵地——布鲁姆斯伯里(Bloomsbury)。他们相处融洽且不拘礼节,经常会面。像对罗德莫斯-布朗一样,贝克特也给拜昂取了一个外号。

因此,贝克特在伦敦的社会环境与他在都柏林所享受(或未能享受的)社会环境相差无几。然而,他在伦敦的另外一些经历却将他推向典型的移民困境。例如,在1932年的伦敦之旅中,他租住在卫生状况不佳的地区,这里可能会让爱尔兰移民不适,尤其因为房间设施与都柏林房间标配不同。1932年贝克特开始有几分认同移民应优先考虑经济的观点,并采取相应行动,如拜访了一些机构,且如他本人所说,"卑躬屈膝地"讨好编辑和出版商,尤其讨好其中的爱尔兰人。他也多次遭拒,或遭遇那些他说"让那些油嘴滑舌的伦敦人后悔去吧"的糟心事。[1]

如果说伦敦似乎并不友好(对乔伊斯也如此)[2],那么贝克特也以其人之道还治其人之身。他对历史悠久的伦敦不感兴趣,认为伦敦塔索然无味,也不喜欢圣保罗教堂(St Paul's)内部那种自命不凡的民族调性。他引用蒲柏(Pope)描述"伦敦纪念碑"的诗句[蒲柏在《道德论》("Moral Essays")书信三里提到的纪念碑],却将其形容

---

[1] 贝克特于1932年8月4日致托马斯·麦格里维的信;引用 Cronin, *Samuel Beckett*, p. 179.
[2] 据乔伊斯的弟弟说,乔伊斯"从不喜欢"伦敦。参见 Stanislaus Joyce, *My Brother's Keeper*, ed. Richard Ellmann, pref. T. S. Eliot (London, 1958), p. 197.

为一个抬起头来的魁梧恶霸，而蒲柏远远想不到这一层意义。这并不是贝克特唯一一次把伦敦和权力、恐吓联系在一起。他憎恨这座城市，尤其憎恶那肆意弥漫的无意识的种族主义，作为一个爱尔兰人，他常常不得不因此委身屈抑。[1] 贝克特后来管这叫"Muttonfatville"，即对人类苦难麻木不仁。[2] 这不足为奇，伦敦的爱尔兰人倾向于自我封闭，并在大社区里组建小团体，将自己与周围的英国人隔离开来。贝克特在伦敦的朋友，无论男女，都是爱尔兰人。

因此不出所料，在伦敦，贝克特不仅孤独，而且还喜欢怀旧。他于1932年来到这座大都市，很快就加入有关德·瓦勒拉的讨论，德·瓦勒拉当时也在伦敦。[3] 整个1934年，爱尔兰一直是贝克特关注的焦点。[4] 这种情况在移民英国的爱尔兰人里司空见惯。他们不认为自己像那些移去美国或澳洲的人一样，在地理和历史上做出了重大的决裂。他们更方便往返于来源地和东道国文化之间，从而获得大量"与祖国持续互动"的机会。[5] 即使不能亲临故土，他们在精神上也亲睐着故土，并且由于他们四周萦绕着毫无风度

---

1 参见 Knowlson, *Damned to Fame*, p. 186，从中可展开这一段和下一段的诸多细节。
2 从他所说的"悲痛……甚至在伦敦的出租车里也［对着某人］尖叫"来判断。参见 Tom F. Driver, "Beckett by the Madeleine" [interview], Columbia University Forum IV (Summer, 1961); repr. *Samuel Beckett: The Critical Heritage*, ed. Lawrence Graver and Raymond Federman (London, 1979), pp. 217—223 (p. 221). 关于"Muttonfatville"，参见 Knowlson, *Damned to Fame*, p. 512.
3 参见 Cronin, *Samuel Beckett*, p. 174.
4 根据诺尔森的观点。参见 *Damned to Fame*, p. 186.
5 Delaney, *The Irish in Postwar Britain*, p. 10.

的偏见，故土依恋愈益加重。

尽管贝克特可能有过回爱尔兰的念头，他却并不打算果断又彻底地去实践。拜昂为他所做的精神分析，使他逐渐脱离母亲的影响，也将他与母亲争执不下的问题悬置了起来。有趣的是，当贝克特的母亲于1935年前来探望时，贝克特送给了她一件贴心的礼物，即一趟参观"美丽集镇和大教堂城市"的汽车之旅，让她远离英国。[1] 但这个（甩脱）计划并未实现，最后体现在了贝克特第一部主要小说《莫菲》的创作背景里。1935年8月，贝克特在伦敦住处开始创作《莫菲》。然而，同年圣诞节，他患胸膜炎，又回都柏林由母亲照料。他在库尔德里纳宅邸布置了一间卧室作为书房，在那儿，他收集起都柏林和伦敦的藏书，最终如期完成小说。

如果说1933年至1935年，贝克特陷入了在文化、智识和地理环境的僵局，那么这正是《莫菲》所戏剧化呈现的景状，即一次移民写作的训练。莫菲渴望"主权和自由"（*MU*，第65页），正如1922年前的爱尔兰。还有不少爱尔兰人认为他们的国家实际上直到1933年才真正成为拥有主权和自由的国家。莫菲并不认同爱尔兰或英帝首都提供的"自由"版本，他寻求独特的爱尔兰自由模式，"在黑暗中，在缺乏意志时，[作为]绝对自由里的一粒尘埃"（*MU*，第

---

[1] Knowlson, *Damned to Fame*, p. 202.

66页）。他对独特自由的追求最终成就一部悲喜剧。尽管如此，该剧还是透露不少伦敦之于贝克特的重要意义。

莫菲是个移民，他在伦敦待了六七个月。康尼汉小姐以为他在伦敦干些移民的活儿，"在伦敦东区卖命，好让我享受我早就习惯了的小小奢侈"（*MU*，第126页），然而莫菲实际上只关注自己在伦敦的短期前景。贝克特设计莫菲对巴黎也有一些了解，但显然区别于自己客居巴黎的经历。莫菲的巴黎风格属于右岸［圣拉扎尔车站（Gare St-Lazare）、阿姆斯特丹街道（Rue d'Amsterdam）和克里奇大街（Boulevard de Clichy）］，而不是贝克特钟爱的左岸文化。圣拉扎尔周边与伦敦的关系，不仅在于连通两地的铁路，而且在于于斯曼（Joris-Karl Huysmans）、马拉美（Stéphane Mallarmé）和莫奈（Claude Monet）；不过，考虑到莫菲与当时的贝克特有相同的品味[1]，莫菲去克里奇也可能出于不怎么体面的目的，如亨利·米勒（Henry Miller）所证，克里奇以妓女闻名。

贝克特还赋予莫菲一些爱尔兰新教徒于1922年后移民英格兰的元素。[2] 就像贝克特在《自由邦的出版审查制》

---

[1] 暗指嫖妓。——译者注
[2] 事实上，在《莫菲》里，少有明确迹象能证明莫菲来自新教背景，一个"荷兰的叔叔"（*MU*，第150页）说明不了什么。关键的判断因素是文化，如莫菲和尼瑞分享了这些因素：圣三一大学、伯克利、对盖尔主义的厌恶，以及（主要是新教徒的）复兴主义者对神秘和神秘主义的兴趣。莫菲提到布莱克时，他的风格更像叶芝，而不是乔伊斯。诺尔森充分说明了莫菲与贝克特的相似之处，他还分析了书中尼瑞教授和圣三一大学麦克兰教授（H. S. Macran）的渊源。参见 *Damned to Fame*, pp. 204—212.

里所痛贬的一样,莫菲也一再痛斥"新"爱尔兰。莫菲的老师尼瑞(Neary)也和贝克特一样,不喜欢"落入盖尔人手里"(*MU*,第6页)。这部小说本身也助长并教唆了贝克特的厌恶,其中有一系列细致入微的刻画,如"肮脏的审查者"(*MU*,第47页)和所谓的爱尔兰裙带关系(*MU*,第95页),将爱尔兰自由邦与文明世界划分开来的拉马斯瓦米·苏克(Ramaswami Suk)星象图,以及尼瑞在邮政

不显眼的"红屁股":奥利弗·谢波德(Oliver Sheppard)于1911年至1912年创作的"库丘林之死"雕像,置于都柏林邮政总局。

总局门口滑稽地用脑袋撞向库丘林的"红屁股"。当然，最后这个形象不仅亵渎了共和主义者和民族主义者，同时也亵渎了宗教复兴主义者的"圣地"（*MU*，第28、30页），是将贝克特厌恶的两个对象融合到了一起，就像徒劳使用"胡里汉之女凯瑟琳（Cathleen ni Houlihan）"这个名字一样[1]。复兴主义又成为莫菲印象中爱尔兰写作的主要目标，仿佛"一团潮湿、污秽的东西从往昔的青春岁月里"喷涌而出（*MU*，第62页）。尼瑞希望把自己的骨灰倒进阿比剧院（Abbey Theatre）的厕所里，"如果可能的话，希望在演出的时候倒"（*MU*，第151页）。

如果说这部小说使爱尔兰显得落后和不招人喜欢，那么它也同样使伦敦显得疏离。对于爱尔兰移民来说，去英国意味着遭遇文化冲击。尤其伦敦幅员辽阔，其规模对于一个习惯可控的都柏林人来说几乎难以想象，在很多方面都柏林都不像一个现代大都市，甚至连看起来都不像。从约翰·奥多诺霍（John O'Donoghue）的《异乡异客》（*In A Strange Land*），到帕迪·法伊（Paddy Fahey）的《伦敦的爱尔兰人》（*The Irish in London*），再到多纳尔·弗利（Donal Foley）的《三个村庄》（*Three Villages*），爱尔兰移民的回忆录都徘徊在特定主题上：惊愕伦敦广大，包括它那绵延数里的冷冰冰的房屋、生活的速度、时间的支配、

---

[1] 取自叶芝早期同名剧作《胡里汉之女凯瑟琳》，叶芝借用都柏林一个女侍者的名字"Cathleen na Hennessey"为之命名。——译者注

将时间作为商品的感觉、泾渭分明的工作和休闲、互不亲近的社区和满眼无甚绿意。这些主题大多也在贝克特的小说里出现,如莫菲所说,"时间就是金钱的意识……在生意界推崇备至"(*MU*,第 43 页),又如他回忆自己在"西北朝向的中等大小的笼子里,俯瞰东南方向那些中等大小的笼子,一览无余"(*MU*,第 5、48 页)。那个"小笼"也"岌岌可危",因为它坐落在"清拆区"(*MU*,第 5、15 页),反映出伦敦当时加速拆建房屋的时情。这是困扰移民的一个因素,他们感到大都市不仅是一个庞然大物,而且还是一个变化多端的庞然大物,因此更加彷徨若失。这也是为何《莫菲》在整体上不时呈现出对田园的渴望,如西莉亚(Celia)眼中的爱尔兰天空,"凉爽、明亮、卷舒百态","使眼睛都湿润起来"(*MU*,第 27 页)。

英国的生活并非完全不值一提,莫菲也在移民生涯里得到一丝解放。不过,对于爱尔兰移民来说,与东道国文化的碰触更可能带来麻烦,甚至创伤,贝克特的小说就着重描写莫菲对自己身份地位的困惑。事实上,独立后的爱尔兰人很快失去他们在英格兰的独立的政治地位,因为至少在英国人眼中,爱尔兰公民仍属"臣民"[1],而将这种姿态复制到日常生活里,便成为前文提到的种族主义。莫菲就遭遇种族主义,特别是在格雷旅馆路上一家杂货店里,

---

[1] Delaney, *The Irish in Postwar Britain*, p. 72.

他被嘲笑看上去"不像地道的人",也就是被嘲笑像人们熟知的爱尔兰猿人,而这也正是贝克特本人早年曾极力撇清的(*MU*,第47页)。

然而,即使贝克特为莫菲注明一些移迁并留居英国的理由,莫菲也会坚决抵制移民的逻辑。他对康尼汉小姐的计划毫不挂心。他扮演着移民的角色,既有知性的诙谐(*bouffonnerie*),又有讽刺的潇洒(*désinvolture*),试图努力超越移民的苦难、压迫和屈辱。事实上在许多方面,他不仅是一个非典型的移民,而且甚至是一个反典型的移民。因为他拒绝接纳移民自我内化的形象,即前殖民者将移民视为一种非常有用的资源。他大张旗鼓地抵制周围民族文化里的成见,也抵制生活观念里的成见,如善良、听话的移民劳动力更容易被接纳。他的叛逆尤其体现在健康和饮食方面。在20世纪30年代的英国,健康成为全民焦点,甚至成了一个选举议题,每本流行杂志都有关于健康的固定专栏。这绝不只是右派的事,左派也甚为关心,"产出大量关于营养和健康态势的文献"。[1] 一个令人不安的认识潜藏其后:德国人正大规模地对年轻人进行体能训练。英国因此于1936年出台《英国体能法案》。然而,莫菲对这一举动没啥兴趣,而且他在一段有名的午餐描述中诙谐地对

---

[1] James Klugmann, "Introduction: The Crisis of the Thirties: A View from the Left", in Jon Clark, Margot Heinemann, David Margolies and Carole Snee, *Culture and Crisis in Britain in the Thirties* (London, 1979), pp. 13—36 (p. 29).

其进行编排:"莫菲四便士的午餐是一个仪式,压根不受营养观念的败坏……'一杯茶、一包什锦饼干。'两便士茶、两便士饼干,完美均衡的一餐"(*MU*,第 49 页)。

"英国体能":1937 年在伦敦温布利体育场(Wembley Stadium)举办的"青年节"。

莫菲还批判爱尔兰移民的恶习,他们一方面拉帮结派,另一方面又在英格兰和爱尔兰之间摇摆不定。小说人物威利(Wylie)、康尼汉小姐和库珀(Cooper)都在爱尔兰和英格兰之间过着分裂的生活,同时又在移民国作为一个独立的群体紧紧抱团。相比之下,莫菲对移居海外的任何爱尔兰团体都不感兴趣，也不在不同文化之间来回穿梭。贝克特这部讽刺性的移民小说甚至重新思考了大英帝国首都的地理位置，重新定义了它的空间。实际上，它抵抗的是一种官方的地形学。以伦敦林肯因河广场（Lincoln's Inn Fields）为例，伦敦议会于1895年将其收购，向公众开放。埃德温·鲁琴斯（Edwin Landseer Lutyens）则改建了其中最著名的建筑——纽卡斯尔大厦。然而莫菲却剥去它现代仁慈的新形象，重新唤醒它的历史身份，那是一个充满诏媚和花言巧语，"霸道、掠夺、洗劫和鞭打横行"，满是"枷锁和绞架"的世界（MU，第48页）。

这与贝克特对伦敦的主要印象非常一致，残暴、贪婪。小说结尾，主人公死在疯人院，而伦敦是一个被"健全人的无情和狡诈"主宰的城市（MU，第50页）。这显然正是贝克特本人的看法。路易斯·戈登（Lois Gordon）强调大萧条对英国的重大影响，贝克特于1933年来英国时就恰逢这一影响。[1] 但贝克特认识的英格兰也并非贾罗大游行（Jarrow march）的英格兰。事实上，《莫菲》对20世纪30年代伦敦的政治毫无意义，伦敦的政治充满了浓厚的劳工文化、法西斯分子及其对犹太人的攻击、共产主义组织以及活跃的左翼知识分子。[2] 写作《莫菲》时期，贝克特似

---

[1] 参见 Lois Gordon, *The World of Samuel Beckett 1906—1946* (New Haven and London, 1996), pp. 97—99.
[2] *Pace* Gordon. 参见 Ibid., chap. 5 (pp. 92—125).

乎极度忧郁,但并非激发奥登(W. H. Auden)于 1936 年创作《陌生人的战争》(*Look, Stranger*)时的那种特有的忧郁,对倾盆将至的历史灾难也缺乏挥之不去的关切意识。20 世纪 30 年代,连英国保守党准首相哈罗德·麦克米伦(Harold Macmillan)都认为,"旧有的资本主义社会结构已经崩溃"[1],贝克特却似乎毫无预料。对于经济形势,他提出了一种完全不同,甚至截然相反的看法。

在贝克特实际生活在伦敦的年头里(1933—1935),英国经济在一定程度上从大萧条复苏,甚至迎来微弱繁荣。然而这在贾罗(英国国会选区)几乎感觉不到。伦敦及其周围各郡被认为从未萧条过,伦敦支撑着"整个国家最繁荣的社区",前所未有地感到"自信和包容",并提供丰富的就业机遇和休闲活动,令人眼花缭乱。[2] 伦敦仍是世界金融中心。这就是贝克特看到的伦敦;换言之,这就是他以一个殖民地移民的角度所看到的帝国的首都。伦敦是一个"商业天堂"(*MU*,第 26 页),是帝国主义经济强国的财富中心。它的通行法则是"报偿(*Quid pro quo*)"(*MU*,第 5 页),即市场交易原则。"健全人的无情和狡诈"并不仅仅是致富狂的狡诈,面对他们的致命武器,一个"衣衫褴褛的唯我论者"注定陷入徒劳无用的困境(*MU*,第 50 页)。在大都市里,狡诈首当其冲,在社会关系中叠见层

---

[1] Klugmann, "Introduction", p. 16.
[2] Alice Prochaska, *London in the Thirties* (London, 1973), p. 5.

出，充斥各个重大场合与琐碎日常。不管是卡里奇（Carridge）小姐和她对"家政"的沉迷（*MU*，第43页）、杂货店老板、女服务员薇拉（Vera），还是罗茜·迪优（Rosie Dew），莫菲关系圈里的人都一再受到商业和他人经济利益的影响。

在莫菲和西莉亚的关系里，最紧要的也是这一点。整部小说围绕的关键问题是，西莉亚是否能通过坚持交易法则（以爱情换取经济保障），扭转颇具讽刺意味的移民莫菲，使他适应东道国的经济主义，也适应典型爱尔兰移民的经济逻辑。当然了，她注定失败。莫菲热衷在英国交配求欢，他作为移民的主要经历是解放，而不热衷交易求财。诚然，这与爱尔兰移民的经历不无关系：对于爱尔兰移民来说，返回故乡，尤其返回爱尔兰天主教堂的一大忧虑就是，因生活在颓靡、现代、唯物的英格兰，他们可能在性道德上更加放荡不羁，不论男女。同时，一旦堕落开始，也并非全是如放荡不羁的波希米亚人般拒绝考量经济的后果。堕落滋生地更可能是（例如）爱尔兰舞厅，因为越来越多在英格兰辛勤工作的爱尔兰人去那谋求消遣、陪伴和安慰。

但莫菲毫不留情地拒绝采纳爱尔兰移民的经济理念。他从不把心思放在"一排排计算正确的收银机"上（*MU*，第101页）。也许他最关键的反抗是努力推翻英国劳动道德结构，并在这方面再次直面并挑战了刻板印象。英国雇主往往认为爱尔兰员工勤劳肯干,原因显而易见:勤奋对于经济移民来说是一种优势。移民员工经常寄钱回家,所以他们对工作异常投入。然而,与之抵牾的是,在英国人的另一主流印象里,爱尔兰人却是马虎又懒惰。甚至,普里斯特利(J. B. Priestley)在20世纪30年代的作品里,也将爱尔兰人刻画成天生游手好闲的贫民窟居民。[1] 贝克特和莫菲并不是要挑战这种刻板印象,而是要颠覆一种价值体系,既扬弃英国人的刻板印象,又消除他们对勤劳的移民劳工的评价。莫菲把懒惰,即逃避工作,而不是工作,变成一条近乎哲学的原理。以此,他进一步挑战了旧殖民势力大获全胜的重商主义,也挑战了爱尔兰移民的经济逻辑。

最后,《莫菲》还重新定义了爱尔兰移民历史经验的另一个重要方面:爱尔兰儿女与英国疗养院的关系。对于爱尔兰移民来说,生活在英国意味着心理上遭遇痛楚。在英国疗养院里,出生于爱尔兰的病人,比例格外高。利亚姆·格林斯莱德(Liam Greenslade)认为,这是由宿主文化中的物化问题造成的。移民一开口,他的国家认同就成为一个关注对象,新的英国身份却不能立刻获得,因此爱尔兰移民遭受一种"病态的双重束缚",阻碍形成一个"稳

---

[1] 参见 J. B. Priestley, *English Journey: Being a Rambling but Truthful Account of What One Man Saw and Heard and Felt and Thought During a Journey Through England During the Autumn of the Year 1933* (London, 1934), pp. 248—249.

定的文化身份"。[1] 在很大程度上，他注定要将殖民者的病态投射内化，因此总与自己的形象格格不入。

莫菲断然拒绝这种投射。住在疗养院的爱尔兰病人通常都是工薪阶层和天主教徒，而医务人员主要是英国人、中产阶级和新教徒。[2] 莫菲自愿住进疗养院，却拥护着主流势力，他甚至把被收容的病人称为另一个"种族"（*MU*，第97页）。但与此同时，他又认同那些病人，甚至希望向他们学习。因此，他本质上既游离在疗养院中爱尔兰移民的共同立场之外，又从自己相对优越的地位上爬了下来，最终，他的努力还是失败了。他试图站在移民的立场，对移民的角色进行颠覆和讽刺。但他所进入的这个反讽空间，最终被证明只是一个死胡同。反讽的或反典型的移民经历，和典型的移民经历一样，最终都将彻底失败、彻底落空。

有趣的是，1932年至1938年间，对于爱尔兰人来说，大萧条并不是主要的经济问题。他们更关注英爱之间的"经济战"。这始于英国对爱尔兰商品征收进口税。德·瓦勒拉和爱尔兰共和党认为，这是英国企图以非军事或非政治的手段，在《英爱条约》上威逼爱尔兰；其危及爱尔兰

---

[1] Liam Greenslade, "White Skin, White Masks: Psychological Distress Among the Irish in Britain", in *The Irish World Wide: History, Heritage, Identity*, vol. II: *The Irish in the New Communities*, ed. P. O. Sullivan (Leicester and London, 1992), pp. 201—225 (p. 215).

[2] 参见 Elizabeth Malcolm, "'A Most Miserable Looking Object': The Irish in English Asylums 1851—1901: Migration, Poverty and Prejudice", in *Irish and Polish Migration in Comparative Perspective*, ed. John Belchem and Klaus Tenfelde (Essen, 2003), pp. 121—132 (p. 130).

的自由进程，必须不惜一切代价加以抵制。因此，爱尔兰也反过来向英国增收关税，志在自给自足（像莫菲那样）。这导致爱尔兰付出高昂代价：向英国征税对英国的影响微乎其微，甚至毫发无伤；反之，爱尔兰工商部部长肖恩·勒马斯（Sean Lemass）则担心爱尔兰的奇缺状况会卷土重来。[1] 德·瓦勒拉则强硬表示，如有必要，这个国家必须承受损失，接受贫困，同意"节衣缩食"。[2]

在某种意义上，人们可能会认为，莫菲是以德·瓦勒拉的方式，私下对英国发动一场经济战。此外，莫菲这样做也是基于一种非世俗的观点，听上去很像贝克特，但也惊人地接近德·瓦勒拉，尤其当他认为"节俭"是奋斗的必然结果。然而，以一种贝克特式的奇怪而又荒谬的逻辑，这位反典型又极具讽刺意味的移民非常蔑视爱尔兰、爱尔兰独立和爱尔兰人，这不仅与他爱尔兰移民的身份有关，而且也与爱尔兰的历史事业有关。

我们可以谈回叶芝。20 世纪 30 年代，叶芝越来越疏远天主教爱尔兰，但这并不意味着他放弃了民族主义，或反帝国、反大英帝国的立场。叶芝为爱尔兰取得自由而自豪，尤其为爱尔兰于 1931 年通过《威斯敏斯特法案》（Statute of Westminster）感到骄傲，该法令授予爱尔兰立

---

[1] 参见 Ronan Fanning, *Independent Ireland* (Dublin, 1983), p. 143.
[2] Maurice Moynihan, ed., *Speeches and Statements by Eamon de Valera 1917 - 73* (Dublin, 1980), p. 155.

法权，爱尔兰得以宣布成为一个完全独立的共和国。20世纪30年代，叶芝继续抨击英帝国主义政治，认为英国文化被种族主义、虚伪、物质主义和盲目的经济主义困扰。他写道："我讨厌现代英国的某些特征。"[1] 贝克特也会这么说。然而，《莫菲》所表达的对爱尔兰的认同感非常矛盾，它卡在两种互不融通的文化之间，孤立无援，就像叶芝年事已高时，或贝克特在1933年至1935年间所遭遇的那样。但很快我们就会发现，不同于叶芝，贝克特还有其他选择。

---

1 引自 Bernard G. Krimm, *W. B. Yeats and the Emergence of the Irish Free State* (Troy, NY, 1981), p. 230.

4 在第三帝国时的忧郁：德国，1936—1937

1936年底，贝克特几乎被自己的困境吞噬。他完成了《莫菲》，但这本书很快就被查托 & 温都斯书局（Chatto & Windus）和海尼曼（Heinemann）出版公司拒稿。三十而立，母亲一直对他的前途唠叨不休。他曾考虑在哥哥弗兰克经营的家族企业里就职，却同时沉溺在一两个极其不切实际的幻想里：写信给谢尔盖·爱森斯坦（Sergei Eisenstein），咨询是否可以随其在莫斯科国家电影学院（State Institute of Cinematography）深造；甚至还冒出做飞行员的想法。当时他的运气还不错，拿到一份《都柏林杂志》（*Dublin Magazine*）编辑的工作，尽管对路，他却拒绝了那份工作。他曾与青梅竹马的玛丽·曼宁（Mary Manning）交往，后来曼宁另婚，定居波士顿。当她返乡时，贝克特决定逃脱窘境，离开都柏林去了德国。

因为佩吉·辛克莱的关系，贝克特对德国文化和德语

并不陌生。1928年,他去维也纳南部的拉克森堡(Laxenburg),佩吉正在那里上课并打算待上几周。两人曾于1928年至1929年交往,其间,辛克莱一家住在德国卡塞尔(Kassel),贝克特也曾造访几次。离开圣三一大学后,虽已与佩吉分手,但贝克特还于1931年圣诞节前往卡塞尔看望辛克莱一家。这一切都在《梦中佳人至庸女》里留下踪影,该书被称为贝克特最具日耳曼风格的作品,有大量"德语碎片"和德国碎片,显然早已在他的脑海里"上演"(*DFMW*,第191页)。然而,1936年贝克特没有去德国中部的黑森州[1],而是去了举目无亲的德国北部。1936年10月2日,他落脚汉堡。此后,他的行迹布及吕贝克(Lubeck)、吕内堡(Luneburg)、汉诺威(Hanover)、不伦瑞克(Brunswick)、希尔德斯海姆(Hildesheim)、柏林、哈雷(Halle)、魏玛(Weimar)、埃尔福特(Erfurt)、瑙姆堡(Naumburg)、莱比锡(Leipzig)、德累斯顿(Dresden)、皮尔尼茨(Pillnitz)、麦森(Meissen)、弗莱堡(Freiberg)、班贝克(Bamberg)、维尔茨堡(Wurzburg)、纽伦堡(Nuremberg)、雷根斯堡(Regensburg)和慕尼黑(Munich),他还一直随身带着一本德国日记。

至1936年,德国已经面目全非。希特勒和纳粹党于1933年上台执政,上台后立即实施新闻审查制度,严禁公

---

[1] 辛克莱家所在的卡塞尔位于黑森林地区。——译者注

民自由。1936年底,他们在达濠(Dachau)建第一个集中营,解散工会,还公开焚烧非德语书籍。新德国来势汹汹。对许多人来说,事态的发展方向非常显而易见。1935年,德国前参谋长、前国会议员、希特勒盟友埃里希·鲁登多夫(Erich Ludendorff)出版了《总体战》(*Total War*),一举推翻克劳塞维茨(Clausewitz)。同年,德国违抗《凡尔赛条约》,单方面退出国际联盟和裁军谈判会,并实行全民军事训练,形势危如累卵。他们还发动"水晶之夜"(*Kristallnacht*),推动"德奥合并"(*Anschluss*),并派德军侵占苏台德区,这一切都发生在1938年这一年中。贝克特自然意识到了这一切。

1933年,纳粹统治初期,警察在柏林一个犹太人聚居区围捕共产主义者和不受欢迎的外族人士。

日常秩序都是一体化(*Gleichshaltung*),每个人都必须"排好队"。德国陷入一场大规模的统一浪潮,并对那些被认为在种族、精神或身体上有缺陷的公民实施惩罚。纳粹其实早在 1933 年就出台了一项针对残疾人的绝育法，并于 1934 年成立种族政策机构。1935 年 9 月 15 日，纳粹甚至颁布《纽伦堡法案》(Nuremberg Laws)。其中第一项就是《保护德国血统和德国荣誉法》，禁止德国人与犹太人结婚或有婚外性行为。另一项是《帝国公民权法》，褫夺那些被认为不具德意志血统之人的德国公民权。1933 年之后，纳粹想方设法清理左翼媒体，并逐步清理犹太人、共产党人，有时甚至还清理行政机构、医疗机构、大学校园、市政机关、教会和其他行业、社会和文化组织里的自由派反对者。最糟糕的是，至 1936 年，党卫队首领海因里希·希姆莱 (Heinrich Himmler) 已完全控制德国警察。

迪尔德丽·拜尔 (Deirdre Bair) 认为，遭遇纳粹德国，贝克特非常震惊。他对时局并非心中无数。[1] 那些日记反复透露，他要么早就厌恶纳粹，要么一经接触就对纳粹主义深恶痛绝。[2] 他无疑从早期德国经历中学到很多；从辛克莱一家也学到了很多，辛克莱一家回爱尔兰，部分原因就是威廉·辛克莱的犹太身份；贝克特还喜欢读报，从报

---

[1] 马克·尼克松 (Mark Nixon) 也这么认为。参见 "Becketts *German Diaries der Deutschlandreise 1936—1937*: Eine Einführung zur Chronik" and "Chronik der Deutschlandsreise Becketts 1936—1937", in *Der Unbekannte Beckett: Samuel Beckett und Die Deutsche Kultur*, ed. Marion Dieckmann-Fries and Therese Seidel (Frankfurt am Main, 2005), pp. 20—62 (p. 23).
[2] 从《德国日记》一开始，希特勒就被缩写为"A. H."。夸德弗莱格指出，"*Hitlergruss*"被缩写成"H. H."参见 Roswitha Quadflieg, *Beckett Was Here: Hamburg im Tagebuch Samuel Becketts von 1936* (Hamburg, 2006), p.47.

纸新闻里也获得不少资讯。他定期在家读《爱尔兰时报》(*Irish Times*),还在不同时间翻看各种德国报纸杂志,如《德意志帝国报》(*Reichszeitung der Deutschen Erzieher*)、《法兰克福汇报》(*Frankfurter Zeitung*)、《汉堡报》(*Hamburger Tageblatt*)、《柏林报》(*Berliner Tageblatt*)、《谐趣报》(*Lustige Blätter*)、《德累斯顿报》(*Dresdner Nachrichten*)、《莱比锡报》(*Leipziger Nachrichten*)、《德累斯顿日报》(*Dresdner Anzeiger*)、《班贝格人民报》(*Bamberger Volksblatt*),甚至纳粹的《民族观察报》(*Volkischer Beobachter*)。到1937年2月底,他开始在日记里强调自己频繁听到党派路线(*GD*, 24.2.37)。

贝克特并没有完全从他所目见耳闻的畸形社会"撤退"到艺术中去[1],尽管在德国的大量时间,他都沉浸在绘画和文学里。同时,他强调自己对明确的社会或政治的批评艺术不感兴趣(*GD*, 28.12.36)。对于渴望对当代德国进行贝克特式深沉剖析的知识分子来说,这些日记难免令人沮丧。贝克特鲜少评论德国局势。[2] 对于那些渴望在贝克特对德国的反应里找到一种深思熟虑又条理清晰的美学的

---

[1] *Pace* Deirdre Bair. 参见 *Samuel Beckett: A Biography* (London, 1990), pp. 259—260.
[2] 参见 Nixon, "Becketts *German Diaries* der Deutschlandreise 1936—1937" and "Chronik der Deutschlandsreise Becketts 1936—1937", pp. 24—25. 但尼克松补充说"这个国家的紧张气氛在日记的边角处也很明显"(第24页)。

人来说，那些日记同样会令他们失望。[1] 日记里的文艺评论和论纲，只不过零星、散乱地出现。日记本身所关注的，实际上是比那些措辞更具体，在某种程度上也更晦涩的经历。贝克特对纳粹德国的反应往往既发自肺腑，又深思熟虑，频繁表现出动荡不安的激烈情绪，即使在某些方面有所抑制。

偶尔，贝克特也对德国产生一些奇怪想法。他甚至同意阿克塞尔·考恩（Axel Kaun）的观点，认为戈培尔（P. J. Goebbels）才是那场运动（Bewegung）真正的罪魁祸首，而希特勒和戈林（H. Goeriring）只不过是感伤主义者（GD，19.1.37）。但他没被德国"搞糊涂"[2]，并不犯傻。他对新德国的人生观（Lebensanschauung）极为敏感。他经常遇到这种人生观，例如和服务员闲聊时（GD，24.1.37，28.1.37）。他通过细节把握新德国的脉搏。例如，他敏感意识到新文化里有一些粗鲁的男性气概：军乐队（GD，14.2.37）、酒吧和教堂里成群结队的士兵（GD，22.2.37，4.3.37）。他在啤酒屋和别的地方没完没了地听到向希特勒致敬的声音（嘿，希特勒）（GD，5.12.36）。他听到希

---

[1] 马克·尼克松有力展示了贝克特在德国的经历是如何且在多大程度上促进了他的艺术发展。参见"'Writing'; Die Bedeutung der Deutschlandreise 1936—1937 für Becketts Schriftstellerische Entwicklung", in *Obergeschoss Still Closed—Samuel Beckett in Berlin*, ed. Lutz Dittrich, Carola Veit and Ernest Wichner, Texte aus dem Literaturhaus Berlin, Band 16 (Berlin, 2006), pp. 103—122.

[2] 正如迪尔德丽·拜尔所言。参见 *Samuel Beckett*, p. 260.

勒青年团（Hitlerjugend）在狂欢，就在贝克特听到的三周前，该组织规定所有德国青年男子都必须加入（GD，24.1.37）。

他不仅知道德国正在发生的事以及人们对此的普遍情绪，关于这场事件的特殊性，他也了解或学到不少。他很快明白，德国这是蓄谋发动战争。就在希特勒和戈培尔在寒冬赈济（Winterhilfswerk）上公开发表演说后不久，贝克特就凭直觉敏锐意识到了这一点（GD，6.10.36）。[1] 一触即发的战争如阴影一般笼罩日记，例如，贝克特推测战争将影响一位在汉堡的旅伴（GD，17.10.36）。在1936年纽伦堡党代会上，纳粹提出四年计划，贝克特曾两次在广播里听到希特勒和戈林提起这个计划（GD，28.10.36，30.1.37），是为了让德国军队和经济在几年内为战争做好准备。苏联共产主义的威胁只不过是德国重整军备的借口。贝克特在日记里记录，据说俄国军队可能在波兰边境集结（GD，16.11.36），并带着不同程度的讽刺口吻评论德国所谓的"来自莫斯科的威胁"、相关的胶片（GD，11.10.36）和对莫斯科"犹太团体"的攻击（GD，24.10.36）。日记里，贝克特还对德国反布尔什维克的宣传（GD，1.11.36）和反俄情绪（GD，7.11.36）表示不满。贝克特甚至幽默

---

[1] 参见网站：http://nsl-archiv.com/Tontraeger/Reden/Bis-1945/heil.php. 寒冬赈济是为缓解挤在街道上和家门口的"[德国人]的共同需求"，通过从工资和薪水里扣款募钱等。参见 Quadflieg, *Beckett Was Here*, p. 29.

地写道，他保存了一份"莫斯科威胁"的清单（*GD*，1.11.36）。后来在《法兰克福日报》（*Frankfurter Zeitung*）上，他读到一篇为战争辩护的文章，竟称战争是促进历史进程的催化剂（*GD*，14.3.37）。11月25日，德国与日本签署《反共产国际协定》（anti-Comintern Pact），贝克特从收音机里听到戈培尔宣布这个新闻（*GD*，25.11.36），这使得"加速"更近。

希特勒新近宣称，德国人需要更多生存空间，更多食物和原材料，他们的目标是完全自足（*Autarkie*），经济自给。贝克特听到一些支持这两个目标的标准观点：德国缺乏殖民地，特别是在《凡尔赛条约》后更受限制，而其他欧洲大国却并不匮乏，因此德国无法养活其人口；德国需要摆脱进口，建立独立于外国的国家货币（*GD*，17.10.36）。1936年，党卫队国外德意志民族事务部（VOMI）成立，旨在维护国外德意志人权益。希特勒扩大魏玛共和国对德意志民族的定义，将其他国家的德国公民和德国居民都包括在民族内。这很快成为向东入侵的主要理由。贝克特清楚这一主题，尤其了解捷克斯洛伐克的种族构成（*GD*，19.1.37，7.3.37）。

抵达汉堡不足三天，贝克特就悲愤抨击纳粹对所谓不便人士的清除行动。他写道，汉堡的绳索大街（Reeperbahn）上找不到一个妓女，她们可能都被关起来了（*GD*，5.10.36）。1933年以来，纳粹一直清洗"反社会人士"或"无党派人士",也就是那些不适应社会的人,其中包括乞丐、流浪汉、酒鬼和妓女。至1936年,这些人的处境变得尤其窘迫,因为1936年柏林奥运会隆重举行。这些仅在贝克特到达德国六周前结束。他始终对这一切代表的价值观嗤之以鼻,宁愿偏爱"基本的非英雄主义"(*GD*,18.1.37)。[1] 在其后的作品,他为无能(*Unfähigkeit*)辩护,甚至为无能陶醉。无能概念成贝克特美学的关键,例如在《三个对话》(*Three Dialogues*)里便有关于"无能"的著名讨论(*DI*,第145页)。贝克特对无能的感觉无疑另有起源,但他1936年至1937年在德国的经历显然为他认同不幸的局外人的身份提供了关键的附加因素。他"格外关注"汉堡的分离派(Sezession)画家,认为他们是"1936年德国的敏锐见证者"[2],其中他尤其欣赏威廉·格林(Willem Grimm),因其在1936年遭受不少人身攻击,似乎是一个闲混(*verbummelt*)、浪荡之徒,同时穷困潦倒(*GD*,24-25.11.36)。

去德国之前,贝克特就对纳粹的种族政策有所耳闻。日记则清楚表明,在德国期间,贝克特更详细了解了那些政策。1933年,阿尔弗雷德·罗森堡(Alfred Rosenberg)把北欧社会,即德国-北欧合作组织,置于纳粹的保护之

---

[1] 引自 Nixon,"'Writing'",p. 117.
[2] Quadflieg, *Beckett Was Here*, p. 153.

下，逐步把北欧人民推入"大德意志帝国"。[1] 1936 年 9 月 13 日，纳粹党宣布成立生命之泉（Lebensborn）机构，鼓励年轻未婚女性生育北欧孩子。乔治·奥威尔（George Orwell）于 1936 年 10 月 17 日指出，"北欧"这个词有一种特殊的含义[2]。[3] 仅十天之后，在汉堡的"北欧社会（Nordische Gesellschaft）"会议里，贝克特冷静回应一群说德语的斯堪的纳维亚人，表明对北欧种族优越主义的自觉厌恶（GD, 27.10.36）。

最重要的是，贝克特非常清楚德国犹太人遭受的迫害。例如，他在日记中同情艺术史学家罗莎·夏皮尔（Rosa Schapire）无法发表作品或公开演讲，只因她不是纯粹的雅利安后裔（GD, 15.11.36）；同情格雷琴·沃尔威尔（Gretchen Wohlwill），汉堡分离派的犹太"之母"，她被视为德国文化不恰当的守护者（GD, 21.11.36）。[4] 他亲耳听闻关于犹太人的故事（GD, 23.2.37），听到猛烈的反犹诽谤（GD, 22.2.37），并且听说犹太人因贸易问题大受谴责（GD, 28.1.37）；亲眼目睹犹太商店外的照片和墙上不堪入目的反犹标语（GD, 21.1.37, 16.2.37）。熟人之间公

---

1 Quadflieg, *Beckett Was Here*, p. 83.
2 "含义"原文为 charge，该词同时有"责任"之义。——译者注
3 George Orwell, review of Johann Wöller, *Zest for Life*, *Time and Tide*, 17 October 1936; repr. *The Collected Essays, Journalism and Letters*, vol. I, *An Age Like This 1929—1940*, ed. Sonia Orwell and Ian Angus (Boston, MA, 2004), pp. 234—235 (p. 234).
4 参见 Quadflieg, *Beckett Was Here*, pp. 153, 155.

开表达他们对犹太人的仇恨。例如，贝克特的柏林房东肯普特（Kempt）曾向他讲述自己反犹的历程（GD，6.1.37）。贝克特知道种族污染（Rassenschande）一词，知道它在希特勒德国意味着犹太人和非犹太人结合；他也知道第一部《纽伦堡法案》禁止非雅利安家庭雇佣45岁以下的雅利安妇女，因为害怕上述情况发生（GD，24.11.36）。1936年11月14日《德意志帝国公民法》（*Reich Citizen Act*）界定了种族混杂（Mischlinge）的类别，贝克特同样意识到了其中的种族排他性问题，和由此产生的争议（GD，29.3.37）。

他对纳粹德国的暴行做出种种反应。大约有两个月时间，他考虑写一部贴近可怜的第三帝国的作品，并称之为《忧郁者日记》（*Journal of a Melancholic*）（GD，31.10.36）。这部作品似乎没有保存下来[1]，但《德国日记》也可以此命名。他自己也意识到，这本日记是一个旷日持久的忧郁故事（GD，18.10.36）。诚然，日记有时被伊芙琳·格罗斯曼（Evelyne Grossman）所说的贝克特式的"忧郁的激情"吞噬[2]，但就像贝克特生命的其他时刻一样，他的忧郁并不阻碍他反抗。事实上，两者密不可分。

---

[1] 参见 Nixon, "'Writing'", p. 112.
[2] 参见 Evelyne Grossman, "Beckett et la passion mélancolique: Une lecture de Comment c'est", in L'Affect *dans l'œuvre Beckettienne*, *Samuel Beckett Today/Aujourd'hui*, ed. Matthijs Engelberts, Sjef Houppermans, Yann Mével and Michèle Touret, X (2000), pp. 39—52.

他通过非法途径拿到马克斯·索兰德（Max Sauerlandt）关于前三十年被禁艺术的记载，且收藏了在纳粹执政前出版的卡尔·海涅曼（Karl Heinemann）的德国文学史。[1] 他对关于德意志民族的历史叙述不屑一顾（GD, 15.1.37），对任何相信德意志特殊道路（Sonderweg）的人都深表怀疑（同上）。他厌恶一切关于德国特殊天命（Schicksal）的观念，也讨厌将德国人作为英雄，或关于德国英雄的描述。1937年1月15日，他向阿克塞尔·考恩明确表示：

> 我说，我对"统一"历史混乱不感兴趣，就像我对"澄清"个人混乱不感兴趣一样，我更没兴趣把引起混乱的非人的需求拟人化。我所需要的，只是一些鸡零狗碎之物，比如名字、日期、出生和死亡，因为这就是我所能知道的一切。（GD, 15.1.37）[2]

正如他在后来的日记里冷静补充的那样：（需要的）不是波浪，而是上面漂浮的软木（GD, 20.1.37），毕竟20世纪是上帝缺失的世纪，是神的意志和果断的行动力病恹恹失败的世纪。

如果说年轻的贝克特的天性里有死守铁律的意愿，那种意愿也不过只有一星半点。他不适应一体化（Gleichshal-

---

[1] Quadflieg, *Beckett Was Here*, p. 66.
[2] 引自 Nixon, " 'Writing' ", p. 115.

tung）文化，性情也与之相左。[1] 这导致他一些不敬或不合时宜的言行，例如他建议，纳粹可创建一个由 HH［即希特勒妓女（*Hitlerhuren*）］组成的骨干组织，与党卫军（SS）相配（*GD*，6.2.37）。他将希特勒《我的奋斗》（*Mein Kampf*）称为《他的奋斗》（*Sein Krampf*），把四年计划（*Vierjahresplan*）称作"啤酒年计划"（*Bierjahresplan*）。[2] 当他去听维尔纳·洛伦兹（Werner Lorenz），那个本是纳粹党卫军，后迅速升为党卫军上将，1937年1月起任德意志民族事务部部长的人的演讲时，贝克特故意用相反的手臂向这个法西斯主义者敬礼（*GD*，11.10.36）。他说自己实际上也在向霍斯特·威塞尔（Horst Wessel）行反礼。这显得更辛辣，因为威塞尔是纳粹运动的殉道者（与房东太太发生争执后被共产党人杀害）。自1931年以来，《霍斯特·威塞尔之歌》一直是纳粹党党歌。那段时间威塞尔的名字还登上新闻，因为希特勒指定以他名字命名的船为巡洋舰。[3] 贝克特特别厌恶威塞尔（这个暴力狂魔，熟练发泄兽性的家伙，*GD*，19.12.36）。他在柏林时曾写道，讽刺的是，威塞尔是在犹太区长大的（*GD*，18.12.36）。

---

1 参见 Quadflieg, *Beckett Was Here*, p. 81："对于爱尔兰人来说，在某些时刻，'被迫排队'必须结束。"
2 前者引自1934年5月7日写给朋友利文撒尔（A. J. Leventhal）的信，后者引自《腥象》笔记。引自 Mark Nixon, "Gospel und Verbot: Beckett und Nazi Deutschland", in *Das Raubauge in der Stadt: Beckett Liest Hamburg*, ed. Michaela Giesing, Gaby Hartel and Carola Veit (Göttingen, 2007), pp. 79—88 (p. 81).
3 这艘海军训练船曾绕过凡尔赛宫的军事限制。

亲纳粹且反犹太的克劳迪娅·阿舍（Claudia Asher）怂恿贝克特放弃临渊不惧的超然姿态，贝克特不为所动[1]，他固执地声称，自己打算买下叔本华全集（GD，24.10.36）。他知道纳粹有个 KDF，即力量来自欢乐（Kraft durch Freude）组织，专门为工人阶级组织文娱活动，但他独爱自己的 KDF——卡斯帕·大卫·弗里德里希（GD，1.11.36，9.2.37）[2]。[3] 贝克特还反对将婚姻和除性之外的别的东西联系在一起，这对于反抗《纽伦堡法案》来说意义非凡。1933 年，希特勒宣布慕尼黑是"德国艺术之城"。[4] 但贝克特对法西斯建筑鄙夷难忍，比如保罗·路德维希·特罗斯特（Paul Ludwig Troost）在慕尼黑建的那座庞大的新德国美术馆。他说那个建筑缺乏想象力，透着一股唯恐装饰（Furcht vor Schmuck）的气息（GD，10.3.37）。

除此之外，首先，贝克特行走其中。大卫·阿迪曼（David Addyman）最近颇有见地地指出，贝克特的作品有

---

[1] 根据夸德弗莱格的说法，克劳迪娅·阿舍是贝克特在汉堡唯一错交的人，因为她的父亲是犹太人。1936 年初，对压迫的恐惧驱使她的弟弟妹妹逃离德国。她为大学外事处工作，这让她倾向于采取一种奉命唯谨的态度。参见 Beckett Was Here, pp. 58—60, 70. 感谢马克·尼克松使我注意到这一点。然而值得注意的是，阿舍在战后一直支持南非的种族隔离制度。参见 Beckett Was Here, p. 136.
[2] Caspar David Friedrich 是德国浪漫主义风景画家，后文将会提到他。直到今天，德国的涂鸦艺术家们仍使用 KDF 作为他的代称。——译者注
[3] 值得注意的是，在吕根岛（Rügen）上有大片荒芜、废弃的力量来自欢乐的休闲中心。
[4] Joan L. Clinefelter, *Artists for the Reich: Culture and Race from Weimar to Nazi Germany* (Oxford, 2005), p. 88.

两个特点，一是位置恐惧，抵制所有"占位"思想，二是清醒地认识到，一个人永远不可能真正脱离他的位置。[1]这可能正是他作品中多数出现的情况。但他的《德国日记》并非如此。特别是在汉堡和其他一些地方，贝克特专心记下街道名称、地名和建筑物名称，通常不做进一步评论。他只告诉我们他去了哪儿，然后去哪儿，紧接着又去哪儿……此外，有一种与阿迪曼相反的解释，称贝克特关心的是如何在一座新城市里找到宾至如归的感觉。[2] 贝克特收集这些地名，让人想起乔伊斯。乔伊斯曾有一句名言，假如都柏林被毁，人们可以在《尤利西斯》的指引下重建。因此，乔伊斯的作品也是一门保存或纪念的艺术。贝克特已看到，希特勒和戈培尔正毫无章法地挺进战争，在此情形下，他没有乔伊斯那种连贯的使命感，他记录那些地名只因正好去过（*having been there*）。

其次，贝克特交谈其间。旅德伊始，他就表现出与陌生人交流的强烈渴望。他曾有意去找德语对话的伙伴（*GD*，13.10.36），必要时用啤酒支付语言费用（*GD*，2.11.36）。但是贝克特在交谈中听到的德语是一种特殊的德语。在早先的日记里，他还琢磨过"bilge（无聊的话）"

---

[1] David Addyman, "Beckett and Place: The Lie of the Land", PhD thesis, University of London, 2008.

[2] 这是夸德弗莱格的观点。她将汉堡名单视为贝克特当时状况的一种征兆。参见 *Beckett Was Here*, p.28. 但是她对这种情况的理解是基于一种世俗的心理，就像诺尔森的心理学一样：在一个陌生的城市里，在一个新轰动的压力下，贝克特需要借助扶手来引导自己。

一词的德语翻译［他用这个词形容斯迈利（Smyllie）和戈加蒂（Oliver St John Gogarty）等人，*GD*，1.11.36，7.1.37］。他很快就找到一个合适的德语来翻译，即"Quatsch（废话）"[1]，这个词在他的日记里反复出现。他听到德国平民越来越多地使用"排放（emissions）"一词（*GD*，22.11.36），作为一个话语，或一套相关话语。一些词语里头充斥着当时德国的观念，如领袖（Führer）、运动（Bewegung）、种族污染、血和土壤（*Blut und Boden*）。此外还有一些中性词语也被附加令人不安的新含义，如能量（*Energie*）、意志（*Wollen*）、荣誉（*Ehre*）、英雄（*Helden*）、煽动（*Verhetzung*）、热情（*Schwärmerei*）、纯净（*Reinheit*）。

贝克特真切地听到纳粹德语。他聚精会神地听着。[2] 他敏锐地意识到各种声音，并意识到这些声音透露了什么情况。例如在柏林时，他从肯普特和其他人的声音中听出他们对希特勒的崇拜（*GD*，19.1.37，5.3.37）。人们乐此不疲地讨论运动。他从别人的声音里听出宣传的效果，无论是新的高速公路，还是夫海德奇迹（*GD*，5.1.37；戈林在那里有一座豪宅，并计划把那建成国家社会主义自然保护区）。同时他也听到了含糊其辞的声音。1936 年之前，大多数德国人热烈拥护希特勒（1936 年 3 月 29 日之前，

---

[1] 贝克特已在《梦中佳人至庸女》中使用过这个词。参见 *DFMW*, pp. 19, 36.
[2] 参见 Nixon, "Gospel und Verbot", p. 81.

99％的德国人投票支持纳粹），但实际上，许多人妥协、勾结、阳奉阴违，扮演着随波逐流的角色。历史学家皮埃尔·艾科伯里（Pierre Ayçoberry）把这段时期称为德国中产阶级将"蓄势待发"作为座右铭的时期。[1] 贝克特接触的德国人多是资产阶级或有头有脸的人物，特别是在汉堡，他能意识到别人有时在玩阳奉阴违的把戏，尽管表现得若有若无。

他对这种两面性感到震惊。他一再将人们与历史和文化所决定的语言区分开来，也将人们与所处的时代话语区分开来。与一个名叫"权力"的人交流，他观察到，人们相对可爱的程度和他们所持观点之间，几乎风马牛不相及（GD，16.11.36）。他也不时记录这种两面性。例如，1937年2月16日他在旅馆遇到房东，房东滔滔不绝地讲一些日常废话；但贝克特补充道：他也是个好人，一个有点感人的家伙。艾达·比纳特（Ida Bienert）会背诵纳粹长文，却和蔼可亲（GD，11.2.37，15.2.37）。体面的人担任着骇人听闻的职务（GD，20.12.36）。我们很难知道贝克特这种感知是如何变成讽刺的；贝克特在德国清楚地意识到，友善并不能使好人免于同谋，相反，一个人坚定的信仰恰恰可能使他意识不到他人存在。但贝克特确实得到了锻炼，并持续锻炼着一种能力，将个人与他们的陈腐或废话（Quatsch）区分开来。

---

[1] Pierre Ayçoberry, *The Social History of the Third Reich 1933—1945*, trans. Janet Lloyd (New York, 1999), p. 140.

因此，就学德语而言，一个与众不同的贝克特式的自学计划出现了，那是一个典型的具有讽刺意味的计划。贝克特说，无论逻辑多么"荒谬且不合理"，他掌握另一种语言实际上是为"掌握另一种沉默"（*GD*，18.10.36）。[1] 学习这门在特定历史和令人深恶痛绝的运动下展示的语言，反而给他的新艺术概念提供了新动力，这种艺术可以赎得语言之外的沉默，因为当语言遭受历史的磨难，就必须以沉默来捍卫和恢复语言的原则。在《梦中佳人至庸女》中，他曾写到贝多芬的"晚年作品被可怕的沉默吞噬"，他的整个音乐"笼罩在一片寂静之中"（*DFMW*，第138—139页）。离开德国后不久，1937年7月9日，贝克特给阿克塞尔·考恩写了一封德语信，这封信非常有名，贝克特在其中抗议"词语表面可怕的物质性"（*DI*，第172页），并质疑这一物质性是否不能被沉默溶解，"比如贝多芬《第七交响曲》，其声音表面就被剧烈的停顿给撕裂"了（同上）。

第三，他沉浸在艺术里。那些期待在贝克特日记里享受批评盛宴的人，可能会再一次感到失望。1936年底，戈培尔宣布终结艺术批评。纳粹党确保只展出优秀的德国艺术作品，因此不再需要批评家。尽管贝克特知道戈培尔的指示，他却没有表现出强烈的反抗倾向。贝克特日记里有一些对个别艺术作品的精巧评论，特别是三幅伟大画作：

---

[1] 引自 James Knowlson, *Damned to Fame: The Life of Samuel Beckett* (London, 1996), p. 233.

他在布伦瑞克（Brunswick）看到的乔尔乔涅自画像[1]，在德累斯顿看到的安托内洛（Antonello da Messina）的《圣塞巴斯蒂安》(*St Sebastian*)和维米尔（Johannes Vermeer）的《老鸨》(*The Procuress*)。然而大多数时候，欣赏只限于简短地表达品味。当贝克特沉醉绘画时，他能注意到那些画作的惊绝、奇妙、华丽、迷人或可爱之处。但他很少说明缘由。原因不言自明。在纳粹德国，可爱受到威胁。贝克特拒绝接受被安排的优先序列，也不愿承担他耳闻到的种种后果。他直率地驳斥纳粹的媚俗品味，也摒弃带有国家社会主义宣传意味的艺术（*GD*，6.1.36，4.1.37，19.3.37）。在房东肯普特对1923年的啤酒店暴动（Beer Hall putsch）和1934年的长刀之夜（Night of the Long Knives）发表高见的第二天，贝克特立即动身去柏林太子宫（Kronprinzenpalais）透透气，在基里科（Giorgio de Chirico）、莫蒂里安尼（Modigliani）、科柯施卡（Oskar Kokoschka）、法宁格（Feininger）、蒙克（Edvard Munch）和梵高（Van Gogh）的画作里洗涤身心。这个行为很典型：他坚决摒弃所有关于"政治"的言论（他特指纳粹言论），宁愿沉浸在博物馆和画作里，如痴如醉；即使不明显，但这也是一种反抗行为。

现代艺术尤其遭殃。1933年起，阿尔弗雷德·罗森堡

---

1 Giorgione，意大利文艺复兴时期威尼斯画派画家。——译者注

的"国家社会主义文化体"(*NS-Kulturgemeinde*)和戈培尔的"帝国文化协会"(the *Reichs-kulturkammer*)逐渐掌控德国艺术和文化。[1] 这些新机构标榜一种新的德国艺术,向现代主义宣战。纳粹先将现代艺术边缘化,后将其禁止,贝克特正是在这三年进程的尾期来到德国。纳粹党越来越干预画家,规定他们展览什么、展览多少、在哪里展出。最后,到1936年11月5日,纳粹党干脆命令画廊馆长将颓废派现代艺术从展览墙上彻底清除。1937年7月,这一清除运动在慕尼黑达到高潮,一边是"伟大的德国艺术展(Great German Art Exhibition)",另一边则是"堕落艺术展(Degenerate Art show)"。

贝克特非常清楚画家和绘画如何受到纳粹禁令的影响。他也知道自1933年纳粹执政后在多大程度上影响了汉堡分离派画家们。他们的工作条件恶化,展示成果的机会也锐减。其中一些人甚至受到恐吓和谴责。贝克特尤其抓住了国家社会主义文化政治的"自相矛盾"之处,尤其是戈培尔和罗森堡之间关于什么才是真正的堕落艺术的分歧。[2] 他发现现代绘画仍在一些地方展出,却在另一些地方被禁

---

[1] 例如参见 Adelheid von Saldern, *The Challenge of Modernity: German Social and Cultural Studies, 1890—1960*, trans. Bruce Little (Ann Arbor, MI, 2002), esp. pp. 317—318; and Lilian Karina, Marion Kant and Jonathan Steinberg, *Hitler's Dancers: German Modern Dance and the Third Reich*, trans. Jonathan Steinberg (Oxford and New York, 2003), pp. 81—82.

[2] 正如尼克松所说的那样。参见 "Becketts *German Diaries* der Deutschlandreise 1936—1937", p. 26.

止。他发现某些博物馆目录突然变得不准确（GD，30.10.36）。他认识一些失踪或出逃的画家，如海因里希·坎本东克（Heinrich Campendonck）和保罗·克利（Paul Klee）（GD，12.11.36）；他还认识一些名誉扫地的画家，如弗朗茨·马克（Franz Marc）、埃米尔·诺尔德（Emil Nolde）、莱内尔·费宁杰（Lyonel Feininger）、恩斯特·基希纳（Ernst Ludwig Kirchner）、马克斯·佩息斯坦（Max Pechstein）、埃里希·赫克尔（Erich Heckel）、乔治·格罗兹（George Grosz）、奥托·迪克斯（Otto Dix）、瓦西里·康丁斯基（Wassily Kandinsky）、施密特-罗特卢夫（Karl Schmidt-Rottluff）、维利·鲍迈斯特（Willi Baumeister）和恩斯特·巴拉赫（Ernst Barlach）等（GD，10.11.36，3.2.37）。贝克特知道，作家们遭受相似的命运。他在10月得知，海因里希·曼（Heinrich Mann）的作品已消失；次年1月，海因里希的兄弟托马斯·曼（Thomas Mann）的作品也遭禁（GD，28.10.36，11.1.37）。他听说黑名单上还有其他作家，如玛尔霍兹（Mahrholz-Werner）和斯蒂芬·茨威格（Stefan Zweig）等（GD，28.10.36，2.11.36）。贝克特曾被警告不要阅读那些被驱逐的作家（GD，22.10.36）或某些特定的艺术史和文学史。

贝克特知道，即使画作从画廊的墙上消失，或塞进地窖（GD，30.10.36），仍然可以偷偷去看。只要逮到一点机会，他就去看。他让英国驻汉堡领事馆出具一封信，支持他去美术馆和汉堡艺术与工艺美术博物馆（Museum für Kunst und Gewerbe）考察"被禁的"艺术。（但那封信到得太迟，没派上用场。）[1] 他还参观了一些私人收藏。他遍寻画家和艺术史学家，与他们交谈，倾听他们的高见。不少日记条目列表记录着画家，通常包括他们的全名（打下划线）、出生日期、国籍或出生地，以及他们的母校。有些列表还附有图片标题，贝克特简要描述其中部分图片。有时，他会在条目中重复一些细节。他似乎一度因为日记里包含这么多清单而感到沮丧和恼怒，将其视为强迫性神经官能症的症状（GD, 2.2.37）。他认为这些百无一用。他还为博物馆每一层制定详细规划〔如柏林腓特烈皇帝博物馆（Kaiser Friedrich Museum）〕[2] 和柏林老博物馆（Altes Museum），慕尼黑的老绘画陈列馆（Alte Pinakothek）（GD, 2.1.37, 27.12.36, 83.37），甚至为其中一些展览室编号。他描摹了诺姆堡大教堂的西方唱诗班、弗莱堡大教堂的金色大门，并仔细观察其人物位置（GD, 19.2.37）。他还为施塔弗尔施泰因（Staffestein）的教堂画了一张平面图（GD, 22.2.37）。这些时候，他似乎不太关心艺术批评，而只是简单记录那些现存的事物，仿佛担心它很快被禁止，或彻底消失。

显然，贝克特同情德国的犹太人，他以不同的方式表

---

[1] 参见 Quadflieg, *Beckett Was Here*, pp. 192–193.
[2] 现名为"博得博物馆"。——译者注

达同情，甚至比别人更自觉或更直接。他记录了汉堡犹太公墓的荒凉（GD，15.10.37）。他特别喜欢一个偶然认识的犹太人，本诺·迪德里奇（Benno Diederich）教授，也喜欢另一位名叫波烈普（Porep）的舞台装饰师，她嫁给了犹太人（GD，25.10.36，23.3.37）。他颇费周章地找犹太人见面、交流，如罗莎·夏皮尔、威尔·格罗曼（Will Grohmann），还有德累斯顿茨温格美术馆（Zwinger Gallery）被解雇的馆长（一个非常聪明和勇敢，且善于思考的人，他告诉贝克特，留在德国比离开更有意思，GD，2.2.37）。贝克特对犹太艺术家和艺术评论家尤其感兴趣，比如格雷琴·沃尔威尔（GD，24.11.36）。他甚至卖掉了他所谓的"希特勒式皮大衣"（GD，4.12.36，13.2.37），用犹太商人的材料做了一套新的（GD，23.2.37）。他的不安时隐时现，比如当他看见雅各布·凡·雷斯达尔（Jacob van Ruisdael）那副令人难忘的画作《犹太墓地》（The Jewish Cemetery）时，不安就会冒出来。现在那副画可能已经被烧毁（GD，15.10.36）。尽管既不是犹太人，也与犹太人非亲非故，但大学国际关系办公室主任海伦·费拉（Helene Fera）拒绝纳粹欺凌犹太学生，并成为汉堡国际学生联系的重要纽带。在罗斯维塔·夸德弗莱格（Roswitha Quadflieg）对贝克特在汉堡的几周生活的记录里，有一张拍摄于1936年的照片最引人注目，照片里费拉正被不同种族的学生，特别是亚洲学生簇拥。贝克特认为她是"我在这片土地或其他任何地方所见过的,或将来会遇见的那一代人中最好的一位"。[1]

"阴魂不散的美":雷斯达尔,《17世纪犹太墓地》。

除此之外,贝克特隐藏的意图也将他引向另一种更为复杂的表达同情的方式。旅行一开始,他就把德国想象成四处遍布毒物和废物的地方。到达仅仅四天,当他听到希特勒和戈培尔在寒冬赈济启动仪式上的讲话,他就写道,他们将会打仗,"或爆发"(GD,6.10.36)。[2] 无论走到哪儿,他总能遇上糟心事,德国媒体充斥着那些糟心事

---

1 参见 Ibid., pp. 71—74. 引文摘自 GD, 70. 116.
2 引自 Knowlson, Damned to Fame, p. 261.

(*GD*, 3.1.37)。他那敏感的身体也随之出现相应反应。在驳斥德国天命概念时，他补充说，"历史的必然性"和"日耳曼命运"这些表达"令人作呕"(*GD*, 15.1.37)[1]；媒体对现代主义艺术的抨击也让他想吐(*GD*, 151.37)。

清除自身有害物的主题是一种隐喻，既在字面上，也在身体上。贝克特的身体开始模仿他所感知到的周围的紊乱。因此，"爆发"一词在日记中反复出现。贝克特反反复复地描述，要么被狂风吹得爆发，要么为小便或拉屎爆发。他饱受腹泻折磨，总是弄脏自己或呕吐。对于那些预算有限、经常在国外旅行的人来说，这似乎算不了什么。但日记中反复出现这些细节，贝克特变着法儿述写其间痛苦。对细节如此孜孜不倦的关注，表明他把它们当作整个德国经历中不可或缺的一部分。他手指和拇指起了脓包，不得不自己戳破；阴囊和肛门里起了肿块和水疱，看起来就像是真菌繁殖。这些都在爆发。他的胃道翻腾。一阵阵恶心。在慕尼黑时，就在希特勒离开前不久，尽管吃德国菜已经吃了好几个月，贝克特却突然说德国菜糟透了，总是想着去哪儿找尚能下咽的食物(*GD*, 9.3.37)，最后简化成为一个最简单的问题：人能吃什么？并把它缩写为 w. c. o. e (What can one eat) (*GD*, 10.3.37)。

尽管隐晦，但贝克特内心清楚，德国陷入动荡，并即

---

[1] 引自 Nixon, "'Writing'", p. 115.

吃得好，是纳粹的沾沾自喜里不可或缺的一部分，就像 1937 年 2 月党卫军周报《黑色军团》(*Das Schwarze Korps*) 上的漫画一样。与此同时，贝克特却对德国食物越来越反感。

将震动世界，其后果不可预测，但足以令人毛骨悚然。他自己还忍受着痉挛。在伦敦时，他曾因身体不适去找分析师拜昂，即使没有治愈，也得到了缓解。但在德国，他的身体又再次恶化，仿佛变成一具毫无生气的死尸，以至于早上他不得不费好大的力气，才能把身体拖到街上。因此他经常说自己是在爬行。嘴唇上反复爆发疱疹；背部一个破伤口让他疑心自己可能患上性病（*GD*，7.2.37）；阴茎疼痛也让他烦不胜烦（*GD*，5.3.37）。在《德国日记》里，人们很难从常识上将贝克特的身体状况简单理解为身心失调。他的症状似乎更像是对周围世界的极度敏感的反映。他似乎隔岸观火地暴露着自己，偶尔流露出麻木的情绪。尽管如此，他还是饱受其苦。他身不由己地，悲戚又绝望地承受那些痛苦，因为做出其他任何反应都可能加剧恶化。他坚忍着，同时承受着精神上的极度痛苦。他的痛苦和不幸有时骇人听闻，有时感人至深。

就在他离开德国前五天（*GD*，28.3.37），他购得一本伟大的小说，格里美尔斯豪森（Grimmelshausen）的《痴儿西木传》（*Simplicissimus*），小说以崇高、忧郁，又富有喜剧色彩的手法描写了一个被（三十年战争）摧残的德国人。短篇小说《镇静剂》（1946 年）表明，贝克特后来可能还读了《当代风景》("the contemporary landscape")，其中提到那场欧洲大浩劫。[1] 1937 年初，他了无生气地漫游在这片道德沦丧的土地上，这片土地很快就被夷为平地。他预见到了这种可能性，早在 1936 年 10 月，他就写信给麦格里维，说欧洲可能毁灭。[2] 在日记某一处，他特别提

---

[1] Marjorie Perloff, in "'In Love with Hiding': Samuel Beckett's War", *Iowa Review*, XXXV/2 (2005), p. 93. 因贝克特提到的阿格里帕·多比涅（Agrippa d'Aubigné），并对战争中摧毁的"chesnes superbes"表示哀悼。参见 *CSP*, p. 62.
[2] 1936 年 10 月 9 日的一封信。引用 Nixon, "Gospel und Verbot", p. 82.

到施密特-罗特卢夫为夏皮尔画的画像，让他觉得艺术即祈祷，这个想法如此强烈，又极富预言性；祈祷，既"设立了祈祷"，又解除了祈祷。他自己简明扼要地解释道："神父：主怜悯我们。人：基督怜悯我们。（*GD*, 15.11.36）"[1]

然而贝克特在纳粹德国仍然误入歧途，承担的不是神父的角色，而是替罪羊的角色，即"逃难山羊"，背负着人类的罪孽，在赎罪日离城。[2] 然而，在这一具体精确的背景下，将贝克特比作犹太人的替罪羊，实际上有可能将其浅薄化，他本人也会加以审慎地反驳。无论如何，身处德国的贝克特都不像是犹太人的替罪羊，而像是古希腊的法耳玛科斯（*Pharmakos*）。[3] 法耳玛科斯常与诗歌相关［如伊索（Aesop）、希波纳克斯（Hipponax）和提尔泰奥斯（Tyrtaeus）的诗歌］。他就是那个"在净化中被丢弃的"。他被污染，在一个公共灾难的时代遭受"屈辱的瘟疫"[4]，很可能自愿如此（不论意味着什么）。最著名的替罪羊理论家勒内·基拉尔（René Girard）说，法耳玛科斯尤其在暴

---

1 引自 Knowlson, *Damned to Fame*, p. 237.
2 不要忘记，"逃离的山羊"（"the goat that escapes"或"escape-goat"）实际上是对《利未记》中希伯来语"Azazel"的误读，是钦定版《圣经》（King James Bible）译者所犯的误读。
3 我对法耳玛科斯的大部分描述引自 Todd M. Compton, *Victim of the Muses: Scapegoat, Warrior and Hero in Greco-Roman and Indo-European Myth and History* (Cambridge, MA, and London, 2006). 关于法耳玛科斯特征的列表，参见该书第14—16页。
4 Ibid., p. 5.

力冲突时出现。[1] 他可能是外族人［就像雅典的克里特人安德罗格奥斯（Androgeus）］，经历由至好向至坏的骤变。代表法耳玛科斯的人是废次品（*rejecta*）：丑陋，畸形，肮

"基督怜悯我们"：
施密特-罗特卢夫的《罗莎·夏皮尔》，1919年。

---

1 参见 Girard, *Violence and the Sacred*, trans. Patrick Gregory (Baltimore, MD, 1977); 和 *The Scapegoat*, trans. Yvonne Freccero (Baltimore, MD, 1986). 沃尔特·伯克特（Walter Burkert）还认为，希腊替罪羊出现在战争迫在眉睫的时刻。参见 Walter Burkert, *Structure and History in Greek Mythology* (Berkeley, CA, 1979).

脏。但他们也可能最优秀，是神圣人物，追求至高无上的智识（如伊索）。他们既是毒药，也是解药。

然而，对于贝克特在德国的困境，最醒目的类比是将他比作爱尔兰的法耳玛科斯人。[1] 就像其他的法耳玛科斯人一样，尽管可以接近权力、利用权力，但这位爱尔兰批判诗人始终毫不动摇地蔑视权力。法耳玛科斯人始终与权力龃龉，任权力分散或曲折地体现在各个方面，当权力拧成团体之力时尤甚。因此，他势必成为一个流亡者或亡命之徒。同时，他也是个戏剧演员（histrion）。他的身体能模仿目之所见。他所感知到的羞耻、缺陷和耻辱，能统统回返到自己身上。他可能患有麻风或别的疾病，身上总是不舒服。无论如何，在法耳玛科斯人的故事里，一个永恒不变的特征就是离开故乡或祖国。贝克特一离开德国，他的《德国日记》就结束了。但根据《利未记》（Leviticus 16.22），山羊"将承担他们所有的罪孽至无人居住之地"，也就是到荒野中去。在接下来的许多年里，至少在艺术上，荒野由此成为贝克特的家园。

---

[1] 关于爱尔兰的这位谴责诗人，参见 Compton, *Victim of the Muses*, chap. 7, "Kissing the Leper: The Excluded Poet in Irish Myth", pp. 193—217.

5 垃圾清除：战争、抵抗运动、维希法国，1939—1944

1937年4月1日，贝克特从德国回到爱尔兰，继续生活，继续与母亲唇枪舌剑。他仍然漂泊不定，或用他自己的话说，"如今迅速堕落"[1]。传闻在一次聚会上，他醉醺醺地从桌子底下爬出来，兀自缠着女服务员求欢。[2] 这传闻表现出他的精神状态。难怪他当时正读着塞缪尔·约翰逊（Samuel Johnson）和叔本华的作品，前者是坚忍的禁欲派，后者是最悲观的哲学家，贝克特视叔本华为"对我来说最重要的人之一"[3]。反而对于爱尔兰，他毫无留恋之处。"连母亲都建议我离开这个国家"，"一了百了（*une fois pour toutes*）"[4]。

---

[1] 贝克特于1937年6月15日致阿尔兰德·厄谢尔（Arland Ussher）的信；引自 Deirdre Bair, *Samuel Beckett: A Biography* (London, 1990), p. 274.
[2] 参见 James Knowlson, *Damned to Fame: The Life of Samuel Beckett* (London, 1996), p. 266.
[3] 贝克特于1937年9月21日致托马斯·麦格里维的信；引自 Bair, *Samuel Beckett*, p. 276
[4] 贝克特于1937年8月23日致麦格里维的信，引自 Knowlson, *Damned to Fame*, p. 265.

最重要的是，他与爱尔兰当局和政府部门发生了两次冲突，导致最后与之决裂。第一次是由于贝克特又出车祸。虽然无人受伤，但爱尔兰警察指控他危险驾驶。贝克特反驳这一指控，称他最讨厌的动物"莫过于警方，这是[1922年后]爱尔兰的象征物，还带着官腔和无礼的盖尔式自满"[1]。如果说这个偏见"确实带着福克斯罗克一致主义的痕迹"[2]，那么在第二次冲突中，更加可以看出这位盎格鲁-爱尔兰人的忤逆（lèse-majesté）。哈利·辛克莱曾控告，戈加蒂在《沿着萨克维尔街而下》（As I Was Going Down Sackville Street）一书里，将他的祖父污蔑成一个放高利贷的人，因此对戈加蒂提起诽谤诉讼，而贝克特同意作为控方证人出庭。贝克特10月离开爱尔兰去巴黎，至11月开庭时返回。

贝克特有袒护辛克莱的理由，但他肯定比其他人更清楚其中真正的原因：乔伊斯认为戈加蒂是爱尔兰的主要叛国者之一。然而非常明显的是，贝克特推垮戈加蒂，不仅仅出于对乔伊斯或辛克莱的忠诚，而且还出于更重要的原因（由于辛克莱胜诉，戈加蒂不得不离开爱尔兰）：戈加蒂出身于天主教中产阶级家庭，他一表人才，拥有一幢乡间别墅和一辆劳斯莱斯（两样都赔进了这个官司里）。他曾支

---

[1] 贝克特1937年9月28日致麦格里维的信；引自Anthony Cronin, *Samuel Beckett: The Last Modernist* (London, 1996), p. 262.
[2] Cronin, *Samuel Beckett*, pp. 262—263.

持爱尔兰自由邦,担任参议员,并在都柏林文坛崭露头角。他如冉冉上升的明星,而贝克特则黯淡下陨。广而论之,戈加蒂阶级的崛起与贝克特阶级的衰落成正比。在贝克特看来,本案显然有利于改善这种状况。但他不得不忍受辩护律师约翰·菲茨杰拉德(John Mary Fitzgerald)的无礼,这位律师粗鲁地嘲笑"来自巴黎的'妓女和亵渎者'",在他眼里,那意味着法国式无神论的堕落[1];贝克特得忍受他以讽刺的口吻朗读自己的《徒劳无益》,幸灾乐祸地谈论这本书得罪了爱尔兰的审查官。

如果说贝克特对自己扎根何处还存有一丝困惑,那么菲茨杰拉德彻底将这一丝困惑消灭了。从1937年底到二战爆发,贝克特开始转变阵地。他回到巴黎及巴黎文坛,回到了乔伊斯和先锋派身边。同时,他发现按照《新法兰西评论》(*La Nouvelle Revue Française*)的要求去写关于乔伊斯的文章非常困难。至次年1月初,当他和友人外出至巴黎第十四区时,他被一个一直痴缠他们的恶棍刺伤,进了医院。医院里,乔伊斯和其他友人对他关爱有加。探望者里有苏桑娜(Suzanne Deschevaux-Dumesnil),一个有趣的女人,也是与共产党和社会良知为友的左派人士。贝克特在巴黎高师时就对她有所耳闻。出院后,他们走得更近了。那时一位美国的家族继承人,佩吉·古根海姆(Peggy

---

[1] 1937年11月24日《爱尔兰时报》(*Irish Times*);引自 Bair, *Samuel Beckett*, p. 284.

Guggenheim)也向贝克特示好,让他似乎有点左右为难。但不论如何,贝克特都不会因财富和特权而做出选择。因此苏桑娜获胜,两人关系迅速升温。此后,她成为贝克特生命里最重要的女人。

贝克特难以放弃乔伊斯。相反,他不仅越来越钦佩这位伟大作家那深深的谦逊和自我克制,而且也越来越觉得他是一个平易可爱之人。1937年至1940年间,乔伊斯和苏桑娜代表贝克特人生中的两极,贝克特同时被这两极吸引。更清楚的是,乔伊斯对爱尔兰的认同,在这位年轻的盎格鲁-爱尔兰人身上未必奏效。贝克特开始用法语写诗,声称以后可能只用法语写诗。事后看来,这几乎是一个效忠宣言。他"在1938年至1939年间着力成为一名法国作家"[1]。贝克特转用法语写作,用法语描述自己真实的历史处境,对他来说,直接的历史经验在语言中不断呈现,并作为语言本身呈现。同时他将自己托付给了苏桑娜。1939年4月18日,就在德·瓦勒拉在罗马面见墨索里尼两周后,也是爱尔兰下议院商议爱尔兰在欧洲事务中保持中立的十天后,贝克特写道:"如果战争爆发,我觉得很快即将爆发,我将听候这个国家的安排。"[2] 这里他指的是法国。所以二战开战伊始,他本来身在爱尔兰,却立刻动身前往

---

[1] 参见 Knowlson, *Damned to Fame*, p. 295.
[2] 贝克特于1939年4月18日致麦格里维的信;引自 Knowlson, *Damned to Fame*, p. 297.

巴黎。

二战于1939年9月爆发,1940年5月,希特勒开始入侵法国和欧洲低地国家。德国的闪电战（Blitzkrieg）极具摧毁力,法国6月22日迅速投降。对法国人来说,这场战争虽短却损失惨重,9万人死亡,近200万士兵被俘。如果说这场失败出乎意外,令国蒙羞,那么对于法国的德国占领区而言,恶况更甚。这个国家的制度分崩离析,德国国防军（Wehrmacht）接管法国北部,新法国政府则在未被侵占的南部维希成立,同时在北部和"自由区"拥有合法权。法国将领亨利·菲利浦·贝当（Marshal Philippe Pétain）获得新政府控制权,新政府自称"法兰西国（French State）",而非"共和国（Republic）";自称其反动纲领为"国民革命（National Revolution）"。与此同时,法国抵抗运动（French Resistance）开始反抗纳粹和维希政府（Vichy France）。戴高乐将军（Charles de Gaulle）在伦敦质疑维希政府和贝当领导地位的合法性,声称自己才是法国精神的化身。戴高乐的自由法国部队（Free French Forces）与英国军队联合,在法国殖民地展开战斗。他们加入同盟军,进入法国,并将抵抗武装并入法军内部。至1944年6月,维希政权解体,戴高乐宣布成立法兰西共和国临时政府。

然而,1940年至1949年间,法国境况大不如前。贝克特批评研究的兴盛,恰逢一场现代法国历史研究革命,然而贝克特研究者们迄今仍未意识到这一点。[1] "帕克斯顿革命"[2] 由美国著名学者罗伯特·帕克斯顿（Robert Paxton）发起，随后由莫里斯·拉吉斯弗斯（Maurice Rajsfus）、多米尼克·韦隆（Dominique Veillon）、亨利·鲁索（Henry Rousso）、罗德里克·科德沃德（Roderick Kedward）和皮埃尔·阿泽马（Pierre Azéma）等人续力，在过去二十年里，它对法国文化产生了深远影响。例如，它触发法国历史上持续时间最长的审判，那就是对莫里斯·帕蓬（Maurice Papon）的审判，至1998年才结束，其中不少历史学家都为这场审判提供了佐证；结果令人震惊，法国前总统雅克·希拉克（Jacques Chirac）于1995年正式承认，贝当领导的法兰西国曾支持纳粹"愚蠢的犯罪行为"，支持其针对犹太人的灭绝计划。[3] 帕克斯顿革命由此改变了一系列术语的含义［如维希、抵抗运动、抗德游击队（maquis）、戴高乐主义、协作[4]等］，这些术语也定义了一段法国历史，正是在此期间，贝克特作为一名法语作家成名。我们只有把贝克特与那些历史学家的研究成果联系

---

[1] 路易斯·戈登是个明显的例外。但是，尽管她把帕克斯顿的工作与贝克特的作品联系起来，但在她写作的时候，却很难理解全部背景，也很难理解这一背景对理解贝克特有效及其职业生涯的意义。可参见 Lois Gordon, *The World of Samuel Beckett 1906—1946* (New Haven and London, 1996), pp. 145—162.

[2] 对于这一术语、概念和对它们的评论，参见 Jean-Pierre Azéma, "The Paxtonian Revolution", in *France at War: Vichy and the Historians*, trans. David Lake, ed. Sarah Fishman, Laura Lee Downs, Ioannis Sinanoglou, Leonard V. Smith and Robert Zaretsky (Oxford, 2000), pp. 13—20.

[3] 引自1995年7月17日《纽约时报》(*New York Times*)。

[4] 即通敌。——译者注

起来,才能真正了解他,比如1940年至1944年,他流浪在节节退败的法国,生存下来,直至40年代末;在法国四分五裂时,他创作了代表作"三部曲"。

对于纳粹占领法国,解放运动带来一种相对温和的解释,这种解释在20世纪50年代业已确立,"至70年代得到大众和学术界的支持"[1]。如果说1945年之后,法国倾向于哀悼最近的历史,政治矛盾则迅速给哀悼画上一道休止符,那么事实证明那些政治矛盾不可逾越。[2] 由于理性无法解决矛盾,法国人开始诉诸神话。在这个神话故事里,维希政权时代被粉饰成为一个历史的插曲,在这个插曲中,法国被迫向一个滔天恶魔妥协;贝当则勇敢地保护国家,使国家免受比占领更悲惨的命运;然而,一小撮阴谋通敌者,尤其是总理皮埃尔·赖伐尔(Pierre Laval)背叛了他,并逐渐与纳粹合谋;除了少数阴谋集团和叛国者,法国民族始终团结一致,顽强敌视侵略,坚持抵抗。

帕克斯顿派历史学家打破了这个神话。对于法国的战败,维希政府归因为法兰西共和国的腐朽,尤其归因为20世纪30年代左派的人民阵线。维希自称其任务是复兴法国,尤其是镇压造成腐朽的所谓的"不洁因素"。如今已经很清楚,实际上,维希政府一再向德国人提供援助,比德

---

[1] Sarah Fishman and Leonard V. Smith, "Introduction", in *France at War*, ed. Fishman et al., pp. 1—8 (p. 2).

[2] 参见 Henry Rousso, *The Vichy Syndrome: History and Memory in France Since 1944* (Cambridge, MA, and London, 1991), p. 58.

国实际要求的还要多,特别是在驱逐法国犹太人和输送法国工人方面。维希甚至请求加入希特勒的"新秩序"(New Order),但被希特勒本人拒绝。维希的政策造成严重分裂,事实上,法国早因被占领而四分五裂,这种裂痕一直存在于法国社会,延续至今。亨利·鲁索认为,被占领的法国实际上处于野蛮的"内战"状态,这种状态尤其体现在贝当准军事部队与共产党、抵抗军之间,却又不限于此。[1]

然而,历史学家们也一再表明,那些旧的标签,如抵抗和通敌,它们并非定义同质的范畴,而是定义高度分化且相互矛盾的对象,例如有"维希主义抵抗派"。不少人在战争时期迅速改变效忠立场。有些历史学家甚至质疑被让-玛丽·吉隆(Jean-Marie Guillon)称为"传奇"的抗德游击队的历史[2],质疑游走于山川森林间的武装抵抗(贝克特对这种抵抗也有所了解和体验),或提倡至少展开这些历史的错综复杂性。最近有一两位学者也开始质疑,一个完全由神话驱动的战后法国,这一概念本身是否有问题。[3] 尽管如此,维希的幽灵仍待彻底驱除。埃里克·科南(Eric

---

1 参见 Henry Rousso, *The Vichy Syndrome: History and Memory in France Since 1944* (Cambridge, MA, and London, 1991), esp. pp. 7—8.
2 Jean-Marie Guillon, "La Résistance au village", in *La Résistance et les Français: Enjeux stratégiques et environnement*, ed. Jacqueline Sainclivier and Christian Bougeard (Rennes, 1995), pp. 233—243 (p. 235). 关于那些"并发症",参见 H. R. Kedward, "Rural France and Resistance", in *France at War*, ed. Fishman et al., pp. 125—143.
3 例如参见 Stanley Hoffman, "Vichy Studies in France: Before and After Paxton", in *France at War*, ed. Fishman et al., pp. 49—60.

5 垃圾清除：战争、抵抗运动、维希法国，1939—1944   131

Conan）和亨利·鲁索在合著中，借用德国历史学家埃米尔·诺尔特（Emil Nolte）的一句话，称维希绝非一个不幸的历史偏差，而如今幸运地被掩盖，相反，它是一段拒绝躺下，也拒绝死去的过去。[1]

战争中，贝克特也在法国饱经风霜，经历了德国占领巴黎、法国抵抗运动、维希政权、抗德游击队、盟军登陆和解放运动。战争初期，他主动请愿去开救护车，但未能如愿。至6月初，德国国防军包抄马其诺防线，进攻巴黎。法国政府迁往图尔市（Tours），贝克特和苏桑娜也随之开始逃亡，6月12日抵达维希。他们在博若莱酒店（Hôtel Beaujolais）与乔伊斯一家会合。讽刺的是，这家酒店很快就被政府阁僚征用，阁僚里就有贝克特的老朋友乔治·佩洛森，他准备指挥维希的青年宣传活动。贝克特到达维希时，佩洛森已经在那儿，但他的极端观点意味着两人关系走向冷淡。和许多躲避侵略的人一样，贝克特和苏桑娜又从维希逃到图卢兹（Toulouse）。贝克特没有正式的国籍或身份证明，因此面临着"无限期拘留未登记外国人"的风险。[2] 于是他和苏桑娜又从图卢兹出发逃往波尔多（Bordeaux），当晚上被困在暴雨肆虐的卡奥尔（Cahors）时，苏桑娜筋疲力尽，贝克特大哭一场。之后他们继续前

---

[1] 参见 Eric Conan and Henry Rousso, *Vichy: Un passé qui ne passe pas* (Paris, 1994)，标题译自埃米尔·诺尔特的德语版。
[2] Knowlson, *Damned to Fame*, p. 299.

往阿卡雄（Arcachon）。尽管有德国军队驻扎于此，但贝克特生活得相对无忧。然而此地始终不是他的归属和效忠所在，于是9月他和苏桑娜又返回了巴黎。

当然，一旦回到首都，他们又不得不忍受那令人意志消沉的生活，配给定量、资源匮乏，还有德国警察管控。贝克特的许多老友离开，再也没回来。但阿尔弗雷德·佩隆留了下来。佩隆将贝克特介绍给"格洛里亚 SMH（Gloria SMH）"抵抗组织。依照贝克特的本性，他本应淡化抵抗工作，不重视它。但他毫不犹豫地加入了抵抗运动，部分原因是纳粹对待犹太人（包括越来越多巴黎犹太人）的方式令他震怒。此外，他这样做也出于对朋友的忠诚。重要的是，是高师人引介他加入这项抵抗工作。法国历史学家们一再强调，对佩隆这样的人来说，参加抵抗运动意味着"出于原则的承诺"，是一种信仰行为，是"没有任何好处的豪赌"，有违常理。[1] 但是，在这个意义上，著名的抵抗者（*résistant*）维涅里（Emmanuel d'Astier de la Vigerie）有一个正确的说法："只有当一个人与环境格格不入，他才能成为一个抵抗者。"[2] 由知识分子转变为抵抗战士，他们为抵抗运动效力也是出于一种理性逻辑而做出的理智选择。对于高师人来说，这种逻辑从"花岗岩尖"演

---

[1] 参见 Conan and Rousso, *Vichy*, p. 171；和 Jean-Pierre Azéma, "Des résistances à la Résistance", in *La France des années noires*, vol. 2, *De l'occupation à la Libération*, ed. Jean-Pierre Azéma and François Bédarida (Paris, 1993), pp. 241—270（p. 242）.

[2] 引自 H. R. Kedward, *Resistance in Vichy France* (Oxford, 1978), pp. 76—77.

化而来,在这个岩尖上,无论一个人看上去多么荒谬,他深知自己绝不可能在道德上妥协。最典型的例子就是那位伟大的高师人让·卡瓦耶斯,他被折磨、枪杀,1944年作为"无名5号"埋葬。贝克特与他的共同之处超出人们的想象。

这并不是说贝克特为"格洛里亚"做出了多么英勇的贡献。他的工作是处理特工提供的情报,将其整理、翻译,微缩后发给伦敦。最终,就像让·卡瓦耶斯一样,"格洛里亚"也遭出卖,叛徒成为贝克特传记里的大恶棍,即牧师兼大魔头罗伯特·阿莱什(Robert Alesch)。贝克特和苏桑娜侥幸逃脱盖世太保的追捕。可惜其他人,包括阿尔弗雷德·佩隆,就没有这么幸运了。贝克特和苏桑娜躲进巴黎,物力维艰。一位犹太朋友自杀了。他们与娜塔丽·萨洛特(Nathalie Sarraute)一起逃到巴黎郊外寻求庇护,贝克特与萨洛特的关系非常具有萨洛特的特质,充满了紧张和半压抑的厌恶。他和苏桑娜又逃往"自由区",随后到达维希,但贝克特拿着外国护照,又无有效旅行证件,这又使他们如蹈水火。

最后,他们到达沃克卢兹的鲁西永(Roussillon),离阿维尼翁(Avignon)不远。鲁西永未被德军占领,但附近有不少德国人,对于一个前抵抗运动者来说并不安全。虽不是犹太人,但贝克特和苏桑娜常被误认为是,这也让他们危在旦夕。他们行踪隐蔽,结交当地朋友,像当地人一样为食物和衣服发愁,特别是鞋子。他们在农场干活,挖土豆,尽可能打听维希政权和战争的消息,并想方设法避开德国的巡逻队。他们从未真正逃离出这个背叛、告发和武装暴力盛行的世界。在此期间,贝克特创作了小说《瓦特》。1944 年 5 月,他再次加入法国自由部队,与当地抗德游击队并肩作战。至 8 月,美国人终于解放了这个村庄。

1948 年末至 1949 年初,贝克特用法语写成《等待戈多》,在这部代表作里,他提炼并融入了自己的战争经历。多米尼克·韦隆的研究表明,在维希统治下,等待这种经验既普遍,又意义重大。[1] 在法国战争时期,人们无休止地等待,等着营养供给,等着降落伞投落。对参与抵抗运动的人来说,等待(*attente*)就是他们世界的一部分,也是他们日常生活里一个不变的特征[2],贝克特对此再熟悉不过了。但是,等待者(*attendant*)一词也引起一种被称为观望主义(*attentisme*)的态度。这个词在维希法国司空见惯。在贝克特最早的巴黎观众里,不少人都知道它。

对于德军的占领,维希文化里有各色立场,支持、默许和抵抗的程度都大不相同。观望主义特指其中一种。[3]

---

[1] 参见 Dominique Veillon, *Vivre et survivre en France 1939—1947* (Paris, 1995), p. 55. 休·肯纳(Hugh Kenner)一开始认为,等待的主题可能是历史的起源。参见 Hugh Kenner, *A Reader's Guide to Samuel Beckett* (Syracuse, NY, 1996), p. 30. 玛乔丽·帕洛夫记录了贝克特简短的论点。参见 Marjorie Perloff, "'In Love with Hiding': Samuel Beckett's War", *Iowa Review*, XXXV/2 (2005), esp. pp. 84—85. 历史学家们让我们为这两个观点增加了实质性和精确性。

[2] 参见 Veillon, *Vivre*, p. 254.

[3] "观望主义"一词本身似乎是在第一次世界大战期间进入语言的。

它是一种态度,来自那些既不相信"贝当实验"可行,又推脱着不肯立即投入战场的人。它拖延着,不做任何关键决定,直到局势"自行明朗"为止。观望主义者认为法国应等待"重新投入战争"的正确时机。[1] 实际上,这意味着坐以待毙,直到美国人在战争中赢得先机。观望主义也有不同类型,从轻度通敌到犬儒主义不一而足,那些人意识到,一旦同盟军登陆,不与维希扯上关系便要付出代价。这个词还特指抵抗运动内部禁欲式的迟疑不决的态度[2]:因此,历史学家们在一定程度上修正了抗德游击队传奇。观望主义里有一种特殊的含糊性,还有一种特殊的倾向。帕克斯顿认为,这可能就是大多数法国男女在维希政府统治下的处世哲学。[3] 在知识分子、激进派和反法西斯主义者看来,这至少是除抵抗运动之外,最不令人反感的立场。[4] 维希政府则对此深恶痛绝。

其中一个原因是,观望主义蔑视维希的意识形态,如果不说是强烈反对的话。它代表维希社会中顽固守旧、富有弹性的普通阶层,对贝当主义(Petainism)实施的报复。

---

[1] Robert Paxton, *Vichy France: Old Guard and the New Order 1940—1944*, revd edn (New York, 2001), p. 290.
[2] Ibid., p. 293.
[3] Robert Paxton, *Vichy France: Old Guard and the New Order 1940—1944*, revd edn (New York, 2001), p. 295.
[4] 具体例子参见 Roderick Kedward, "The Maquis and the Culture of the Outlaw", in *Vichy France and the Resistance: Culture and Ideology*, ed. Roderick Kedward and Roger Austin (London, 1985), pp. 232—251 (p. 246).

因为维希政府呼吁法国道德复兴[1]，采取的行动包括禁止堕落的现代艺术（如爵士乐）、偶尔焚书，并涉及一个关于"（某）种族身体发育和道德复兴"[2]的重要计划。维希政府以推广青年运动、集体活动、体育教育和户外运动闻名。其目的是提高法国人，尤其是法国年轻人的道德素质，增强团结、纪律、等级观念和团体意识。[3] 前文提及，维希政权最想做的是清除那些蔓延全国、有损法国士气的"不洁因素"，其中主要"杂质"就是犹太人、移民（métèques）、共济会成员、共产主义者、吉普赛人和同性恋，总之就是各种真正的和"内部的"异类，比如贝克特。维希政府不遗余力地拘留或驱逐这些"杂质"，其中贫民和无国籍者最可能被关进集中营。

在这一方面，亚历克西·卡雷尔（Alexis Carrel）的恶毒形象显得尤为突出。卡雷尔是诺贝尔奖得主，是名流，也是法国人类问题研究基金会主席。该基金会由维希政府于 1941 年 11 月设立，通过"对人类进行科学实验"来研究、保护、改善和发展法国人口。[4] 卡雷尔是个优生学家，他致力于对抗他所认为的法国民族的有机衰退，力荐通过

---

[1] 参见 John F. Sweets, *Choices in Vichy France: The French Under Nazi Occupation* (Oxford, 1994), pp. 42—54.
[2] Ibid., p. 60.
[3] 参见 W. D. Halls, *The Youth of Vichy France* (Oxford, 1981), p. 48.
[4] 参见 André Missenard, *Vers un homme meilleur ... par la science expérimentale de l'homme* (Paris and Strasbourg, 1967)。虽然这本书直到 1967 年才出版，彼时相关人士已经停下脚步，但它描述了基金会的既定原则。安德烈·密森纳德（André Missenard）是其联合创始人之一。

优生手段来进行干预。在他看来，对那些患有先天精神错乱、躁郁、抑郁、遗传癫痫、失明或其他严重缺陷的人，有必要进行自愿或强制性绝育或监禁。[1] 卡雷尔甚至提倡用毒气室来清除人类"劣等血统"。[2] 他激赏德国政府处理罪犯、患有精神缺陷或其他疾病之人的措施，主张一旦这些堕落的生命形式被证明"危险"，就应该立即对其进行"镇压"。[3] 他还提倡对农民和移民进行人类学研究（这些人被归为"可取"或"不可取"两类），以确定最利于法国的种族特性。

贝克特意识到了维希政策的不公，也许也意识到了卡雷尔的不公，这一点可以清楚地从《等待戈多》里幸运儿的著名独白里判别出来。批评家们常把这段话解读为荒诞主义的样板，但其实它以严格的道德逻辑为基础。在很大程度上，它是对维希意识形态的一种反证。独白以空洞理论或伪科学的知识话语、文化"进步"话语作为主要参照。那些话语明显带有维希痕迹：幸运儿提到"体育训练的身体素质"（*EAG*，第38页）、"增强"和"清除"（同上），这些都是卡雷尔基金会的主要术语。同样，幸运儿所说的

---

[1] 这从来没有成为维希的公共政策。
[2] Alexis Carrel, *L'Homme, cet inconnu* (Paris, 1935), p. 388.
[3] 1935年12月16日致卡雷尔的信；在乔治城大学图书馆亚历克西·卡雷尔论文里，Box 70；引自 Andrés Horacio Reggiani, "Alexis Carrel, The Unknown: Eugenics and Population Research Under Vichy", *French Historical Studies* XXV (2002), pp. 331—356 (p. 349). 参见他的专题论文：*God's Eugenicist: Alexis Carrel and the Sociobiography of Decline* (Oxford and New York, 2006), 由赫尔曼·勒博威克斯（Herman Lebovics）撰写前言。

"垃圾清除"也意味着消除社会垃圾和身体垃圾(同上)。虽然幸运儿唠唠叨叨的废话很滑稽,甚至很讽刺,但这也坚定说明,那些维希政府的拥护者、优生学者的论述,往好了说是无关痛痒,往坏了说则是对残疾、缺陷、患病人士的毒害。实际上,这段独白是为贫困人类辩护,或用阿甘本的话说,是为"赤裸生命(bare life)"[1]辩护。

评论维希贫困的同时代漫画。

帕克斯顿革命的历史学家提供了关于维希法国的另一种描述,它深受创伤,既因战败,也因自身政策。1942

---

[1] 参见 Giorgio Agamben, *Homo Sacer: Sovereign Power and Bare Life*, trans. Daniel Heller-Roazen (Stanford, CA, 1998).

5 **垃圾清除**：战争、抵抗运动、维希法国，1939—1944　　139

年，画家让·巴赞（Jean Bazaine）说："剩下的就是人类去对抗生活。"[1] 韦隆说"一切受到质疑"。[2] 让-皮埃尔·里乌（Jean-Pierre Rioux）形容战时的法国文化充满"苦难与贫困""流浪与漂泊"以及"显而易见的悲剧和破灭的希望"——但也有意想不到的思想自由。[3] 玛乔丽·帕洛夫（Marjorie Perloff）明确指出，贝克特的故事正是关于这种情形。[4] 但对于许多同时代的法国人来说，最重要的是贝克特的戏剧准确地捕捉到了这一点。韦隆表明，《等待戈多》根植于维希统治下的生活。当时报纸上刊登破落资产阶级的漫画，看起来就像流浪汉。[5] 所有寒冷，鞋袜，"人间食粮"，残羹剩物，肉，对被驱逐者犯下的暴力、限制或禁止出行的关注；对"琐碎事实"的痴迷；以及"陷入日常平庸"的经历，这些在维希生活里习以为常的方方面面，统统被贝克特写进剧里，就像贝克特和苏桑娜自己的生活一样。[6] 专横、残暴的权力也任意妄为，如剧中波卓

---

1 引用不明。参见 Jean-Pierre Rioux, "Ambivalences en rouge et bleu: Les pratiques culturelles des Français pendant les années noires", in *La vie culturelle sous Vichy*, ed. Jean-Pierre Rioux (Brussels, 1990), pp. 41—60 (p. 45).
2 Dominique Veillon, "The Resistance and Vichy", in France at War, ed. Fishman et al., pp. 161—177 (p. 162).
3 Jean-Pierre Rioux, "Everyday Culture in Occupied France", in *France at War*, ed. Fishman et al., pp. 221—229 (p. 223).
4 参见 Perloff, " 'In Love with Hiding' ", pp. 88—100. 帕洛夫声称，贝克特的故事主要关心并反映了一种"躲避并企图逃跑"的战争生活，第 88 页。
5 例如参见 Veillon, *Vivre*, p. 188.
6 参见 Sweets, *Choices in Vichy France*, pp. 103—104; and Veillon, *Vivre*, pp. 317, 321. "人间食粮（Nourritures terrestres）"是该书第四章标题，第 101—132 页。Cf. Paxton, *Vichy France*, p. 238: "战争期间，'法国是被占领的西方国家里，营养最差的'。"

(Pozzo)和幸运儿的关系。贝克特将这部剧置于一个特定的、剥夺了历史的具体经历里。

另一则维希漫画,"看起来像流浪汉的资产阶级破落户"。

更重要的是,该剧拒绝超越具体经历。它坚持自身意义,而非坚持一个破落的积极性的话语。它并不提供一个优越的视角,也不试图弥补被剥夺的经历。贝克特笔下的那些凄凉、丰富、意味深长的笑,与崩溃、无能的生灵,耗至微弱能力极限的生命以及各种各样的枯竭形式,产生了深深的共鸣。这部剧取笑无能和"不洁元素"的根本缺陷,抗拒利用无用之物——这就是政治道德家,如布莱希特(Brecht),质疑它的原因。赏玩零度的观点和意图[1],

---
[1] 罗兰·巴特有"零度写作"一说,意为不掺杂个人情感,将饱满澎湃的感情降至冰点。——译者注

把平凡的无用变成一个丰富的取乐来源,这是《等待戈多》履行的一个最神圣的艺术功能。但滑稽或讽刺的是,这部剧也同样持观望态度。尽管贝克特本人参与了抵抗运动,但在《等待戈多》里,他故意不去超越观望主义(这似乎与他视自己的工作为毫无意义的抵抗同理)。这种态度显然与他在鲁西永的经历有关。《等待戈多》是一种激烈的反驳,针对维希意识形态里那些夸张、一本正经、空洞恶毒的话语。

但糟糕的是,它也抵触了另一种驱动力。最后,这部戏剧里涉及的疑点就不仅仅是维希政府的原因了。贝克特在戴高乐必胜主义的浮夸氛围里创作这部戏剧,他强烈反对介入道德,也强烈反对文化清洗,反对对所谓的通敌者进行自以为是的、报复性的迫害。法国决心摆脱耻辱,从而迅速患上历史健忘症。同时,卡雷尔的基金会摇身一变,变成资金充裕的国家人口研究所,继续推进某些工作,至今仍然存在。若想理解这些历史背景,把握贝克特20世纪40年代后期的作品,并将后者当作对前者的回应,我们需要回溯来路。

6 耻辱：解放运动，锄奸行动，戴高乐，1944—1949

1941年,贝克特和苏桑娜回到巴黎[1],回到他们的旧居,那儿有被盖世太保搜查过的痕迹。贝克特以"恐怖(grim)"一词形容当时的巴黎。[2] 他给兄长发了一封明显带有贝克特风格的电报,告之"无法挪动暂时(IMPOSSIBLE to moVE AT PRESENT)"。[3] 他这样考虑合乎逻辑。如果他的个人情况不理想,巴黎的政治局势也好不到哪儿去。但贝克特还是想回爱尔兰,于是当年4月8日又从法国折返。英格兰招呼他的方式一如既往,移民官员没收了他的护照,陆军部要求他解释战时离开英国的原因。伦敦,满目疮痍。然而,

---

[1] 詹姆斯·诺尔森认为贝克特在1945年初回到法国,但这一点仍有争议,*Damned to Fame: The Life of Samuel Beckett* (London, 1996), pp. 340, 769, n. 1. 安东尼·克罗宁则认为是1944年11月,并举证了贝克特的电报, Anthony Cronin, *Samuel Beckett: The Last Modernist* (London, 1996), p. 340.
[2] 与劳伦斯·哈维的访谈,未注明日期;引自 Knowlson, *Damned to Fame*, p. 340.
[3] 引自 Cronin, *Samuel Beckett*, p. 340.

返回爱尔兰后,他又格格不入,对故友避而不见。当他听到从毛特豪森集中营(Mauthausen)传来高师校友,也是抵抗运动战友阿尔弗雷德·佩隆的死讯后,他与周边人的疏离感更强了。不久,他准备再一次离开不列颠岛。

耐人寻味的是,尽管他毅然投奔法国,但他离开的情形却再次反映出一个盎格鲁-爱尔兰人在爱尔兰独立后的矛盾心理。在都柏林,他意识到爱尔兰人的富足与法国人的贫困形成鲜明对比。他说,"我的朋友们(意指法国男人和女人)在啃锯末和萝卜,整个爱尔兰却安然无恙"。[1] 他仿佛在重申自己于1939年发表的效忠宣言。爱尔兰战时的中立立场本对他无关痛痒[2],但他的下一步行动却与德·瓦勒拉统一了战线。丘吉尔(Winston Churchill)在胜利日的一次演讲中轻蔑地提到爱尔兰的中立。德·瓦勒拉自然不能容忍。他于1945年5月16日做出回应,许多爱尔兰人认为这是他在广播里表现得最好的一次。爱尔兰的使命如今降临了。德·瓦勒拉说:

> 吾国幸免于难,幸免于这场战争制造的盲目仇恨和刻骨积怨,吾辈应感激上帝,以基督徒的身份去弥合人类重创,

---

[1] 贝克特致弗雷达·扬(Freda Young)的信;引自 Cronin, *Samuel Beckett*, p. 343.
[2] 克莱尔·威尔斯(Clair Wills)论证了爱尔兰语境中,贝克特地位的独特性。参见 Clair Wills, *That Neutral Island: A History of Ireland During the Second World War* (London, 2007), pp. 413—414.

竭尽吾国之所能。[1]

贝克特不认为自己是爱尔兰总统的使者。他更不愿意向上帝致谢。尽管如此，8月初，他加入"爱尔兰人带来礼物"（*CSP*，第276页），即爱尔兰红十字会，前往法国圣洛。

法国人称圣洛为"废墟之都"，遍地残骸，超乎想象。"当然无任何住所"[2]，贝克特的笔调简洁、阴冷，他笔下的许多角色很快也这么说话。然而，人类能在废墟中幸存，从地窖里逃出，在到处都是的泥浆里觅食。如果这让人想起爱尔兰历史上的某些场景，也不足为奇。贝克特一定亲历了一些恐怖事件，或至少目睹了它们造成的惨状。1946年6月，在为爱尔兰电台写的《废墟之都》（"The Capital of Ruins"）里，他提到经常因为砖石倒塌、孩子们玩雷管造成意外事故。他告诉麦格里维，红十字会优先考虑建一个性病诊所。因为至1945年，战争已使性传播疾病成为一个棘手问题，尤其因为卖淫和强奸。无论如何，圣洛这个地方让人再次认识或了解到，"在这个变得临时的宇宙里，'临时'一词已不复如是"（*CSP*，第278页）。

《莫洛伊》里的莫朗说："万物黑暗，但伴随纯然黑暗

---

[1] 引自 Ronan Fanning, *Independent Ireland* (Dublin, 1983), p. 128.
[2] 贝克特于1945年8月19日致托马斯·麦格里维的信；引自 Knowlson, *Damned to Fame*, p. 345.

而来的，是一种巨大的肢解之后的镇静。"（TR，第111页）如果说1945年法国有何抚慰，那些抚慰也很快被事件冲淡。贝克特在圣洛一直待到1945年12月。然后回到巴黎。巴黎就是家。不可能对家感到疏远。贝克特之前就一直想从诺曼底返回巴黎。但自1944年8月同盟军以"霸王行动"解放巴黎以来，巴黎已变成一头特殊的野兽，法国也如此。解放后，法国很快展开锄奸行动。[1] 这个锄奸运动最臭名昭著的就是强行给被认为通敌的法国女性剃头。事实上，这个现象远比一张图片所能呈现的更漫长、更复杂。至少经历三个阶段。首先，也是最令人震惊的，那场包括剃头在内的野蛮清洗（épuration sauvage）激怒了法国男女，其中一些人勾结德国的行为并不比受害者少，但他们仍然报复那些他们所认为的通敌者，甚至凶残报复。法国维希的一些最可怕行径，也移至其对手手中妥善保管，如特殊法庭、拘留、告发、任意逮捕、贝当准军事部队所犯暴行，甚至酷刑。临时军事法庭开庭。通敌者被关押在维希当年关押法国犹太人的地方。普遍实行"大众正义"，可能意味着不经审判就执行死刑。受害者要么死在街上，要么死在自己家里，要么就死在动用私刑的暴民手中。萨

---

[1] 路易斯·戈登简要地讨论了锄奸行动，却唐突地宣称其发生在"一种心理和道德之必要性"的语境里。在我看来，这个前提并不一定完全错误，也并非对考察贝克特及其《三部曲》毫无帮助。可参见 Lois Gordon, *The World of Samuel Beckett 1906–1946* (New Haven and London, 1996), pp. 187—189.

特认为法国当时陷入了"中世纪虐待狂"的险境。[1]

"野蛮清洗":
法国人对那些被认定与德国侵略者勾结的人进行报复。

然而,在最初的野蛮清洗之后,继而出现的合法清洗（épuration legale）也完全不是恢复正义的典范。戴高乐成为法兰西共和国临时政府总统。早在1943年,戴高乐主义者就成立了一个锄奸委员会,为审判通敌叛国之徒制定法律。1944年,在法国还未制定新宪法,也未成立选举新议会之前,他们就设立了新的司法法庭。新法律规定极为严厉,著名历史学家罗伯特·阿隆（Robert Aron）认为,"这种独裁规定极少是由一个以自由为标志的政权来制定

---

1 *Combat*, 2 September 1944.

的"。[1] 负责制定这些规定的人尤其想简化前法国法院系统的制度和程序，以一名法官取代传统的三名法官，以六名陪审员取代十二名陪审员。与此同时，戴高乐主义者、共产主义者和社会主义者都利用法庭来达到政治目的。这注

1945年10月，审判维希政府总理皮埃尔·赖伐尔

---

[1] Robert Aron, *Histoire de l'épuration*, 4 vols (Paris, 1976), vol. I, p. 241.

定制造司法闹剧,最骇人听闻的一例就是对赖伐尔的审判。赖伐尔的恶行难以辩护,但对他的审判也是一场猜谜游戏。在庭前审讯中,证人没有出庭;成箱的证据没有打开;部分宣读的声明甚至与赖伐尔无关;陪审员冲他大喊:"混蛋!""你会挨一打子弹!""两周后你就叫不出声了!"[1] 这场面太不光彩,以至于迫使至少一位犹太记者站到了赖伐尔一边。[2]

其次,戴高乐主义者还发明了一个新概念,国民耻辱(*indignité nationale*)。他们希望这个概念能够涵盖以前尚未明确定为犯罪的通敌行为。这个概念不意指与敌人勾结,也不意指违反法律,在某些情况下,犯人只要发表过"诽谤性"言论即可定罪。[3] 国民耻辱概念宣称,重要的不是一个人在维希政权下做了什么,而是他应该做什么。其惩罚是国民降级(*dégradation nationale*):羞辱,剥夺身份,宣告"无价值"。不幸的是,当时法国的政治和司法实践,以及许多法国男女的态度都明显缺乏原则感,而原则感本可以确保概念在道义上的公信力。当地民众和媒体频繁介入法庭诉讼程序,陪审团里人满为患。法官们的判决严酷,却不加区分,甚至不公正到骇人听闻的地步。就连身经百战的艾森豪威尔将军(General Eisenhower)都为之震惊。

---

1 René de Chambrun, *Pierre Laval devant l'histoire* (Paris, 1983), p. 275.
2 参见 Hubert Cole, *Laval: A Biography* (London, 1963), p. 282.
3 Herbert R. Lottman, *The Purge* (New York, 1986), p. 77.

很难说国民降级究竟何以起止,除了像让·包兰(Jean Paulhan)这样让人闻风丧胆的十字军战士,很少有人能够超越它的判决。法国本国也为这一新耻辱而痛苦挣扎。

当然,到了第三个阶段,锄奸行动不再那么严酷。至1949年,法庭数量明显减少,法官们更倾向于缓刑或宽大处理。戴高乐等人发布了赦免和特赦令。越来越多的人认识到,戴高乐主义者组建法庭时考虑不周。后来接受审判的贝当就与赖伐尔的命运不同。锄奸行动的受害者开始讲述他们的故事。当局审慎地恢复了其中一些人的名誉。1950年,法国恢复和保护公共服务联盟正式谴责战后法国政府,称它制造了一个史无前例的镇压机构,攻击言论自由,惩罚政治错误,抑制思想和集会自由,认可溯及既往的立法,还拒不承认犯罪意图原则。这既是对新近不法行为的清醒评估,也是事态好转的一个信号。当1951年和1953年大赦法案生效时,某些方面已经开始放宽。

但缓刑也可能不公,也许战后法国最典型的例子就是莫里斯·帕蓬。战争期间,帕蓬常与党卫军勾结,迫害吉伦特省(Gironde)的犹太人。戴高乐显然知晓。尽管帕蓬战后受到谴责,但他东山再起,最终又在吉斯卡尔·德斯坦(Giscard d'Estaing)的领导升至预算部长。在锄奸行动后期,这种复出非常典型。篡改近代史也变得见怪不怪。贝当主义者又悄悄地在法国社会重新站稳了脚跟,新的拥护维希政权者（Neo-Vichyites）日益勃兴。前维希政府官员声称，他们一直保护法国和法国平民免于占领，免受纳粹政策迫害。他们甚至宣称，维希政府之所以没有立刻就把法国犹太人交给纳粹，是在尽其所能地保护他们。

然而，通敌叛国者并不是唯一忙着篡改现代史的人，英雄法国的战后神话首先要归功于戴高乐。在1944年8月25日的一次著名演说里，他淡化了同盟军对解放运动的介入[1]，转而描述一个"在法国军队的帮助下，在英勇抗战的法国、唯一的法国、真正的法国、永恒的法国的全面帮助和支持下"，由法国人民自己解放的巴黎。他极力弱化维希政权的罪恶，尽管维希政府早以叛国罪判他死刑。戴高乐不得不承认"一些不幸的叛徒"投靠了敌人，但坚持认为抵抗运动是英勇的，大多数法国人都堪称"法国良民"，他们通过自己的努力解放自己。历史学家罗伯特·吉尔德（Robert Gildea）认为，这一信条的"神话力量"非凡[2]，一直持续至戴高乐辞职下野（1946年）之后。将近四十年过去了，玛格丽特·杜拉斯（Marguerite Duras）仍然带着怒气引用戴高乐那句明显不属于贝克特风格的名言："流泪的时代已结束，荣耀的时代回来了。"[3]

杜拉斯认为，这句话就是"罪恶"。她写道："我们永

---

[1] 网站：www.charles-de-gaulle.org/article.php3？id_article=514.
[2] Robert Gildea, *Marianne in Chains: In Search of the German Occupation 1940—1945* (London, 2002), p. 378
[3] Marguerite Duras, *La douleur* (Paris, 1985), p. 41.

远不会原谅他。"戴高乐宣称"在道德领域，存在分歧的种子，必须不惜一切代价消除"。[1] 他最关心的是法国的统一，为此不惜牺牲历史的真相。戴高乐主义神话所服务的对象正是统一的原因，但戴高乐的意图最终弄巧成拙。至少，在成为一个官方故事之前，神话叙述势必首先产生更多分歧，虽然它本来意在消除分歧。国家和地方的媒体广泛提出关于正义、犯罪和惩罚的问题，并为之辩论，贝克特作为报纸读者，不可能对此毫无察觉。其他版本的近代史很快就开始与戴高乐主义者的叙述抗衡，有时甚至分裂。最重要的是，文学界也对戴高乐主义计划提出质疑，作家们不太可能克制异议，他们更可能去表达和促生异议。不过，戴高乐预见到了这一趋势。他很清楚作家的介入会产生多么重大的影响。他断称，有两类通敌叛国者不值得同情，也不应减刑，那就是军官和才华横溢的作家。[2]

果然，通敌的律师、商人和报界巨头常常被忽略，或逍遥法外，作家却一再受到戴高乐主义法国的审判。黑名单上有蒙泰朗（Henry de Montherlant）、塞利纳和拉罗谢勒（Pierre Drieu La Rochelle），还有季奥诺（Jean Giono），尽管他曾帮助过犹太人和抵抗运动战士。鼓舞人心的出版商贝尔纳·格拉塞（Bernard Grasset）让全世界注意到了普鲁斯

---

[1] Henry Rousso, *The Vichy Syndrome: History and Memory in France Since 1944* (Cambridge, MA, and London, 1991), p. 17.

[2] 参见 Diane Rubenstein, *What's Left? The École Normale and the Right* (Madison, WI, 1990), p. 140.

特、马尔罗（André Malraux）和莫里亚克，但这并没有使他免于因匿名举报而被指控通敌；1944年，相关法庭判定格拉塞有罪，这使他直到1950年才重新掌管自己的出版社。同时，通敌也在作家中引起了争议，其中包括萨特、波伏瓦、加缪、谷克多（Jean Cocteau）、瓦莱里和莫里亚克，从而使得"分歧的种子"愈加滋生和蔓延。让-路易·居尔蒂斯（Jean-Louis Corties）的《夜森林》（*Les forêts de la nuit*，1947）和让·杜图尔（Jean Dutourd）的《好黄油》（*Au bon beurre*，1952）等小说都探讨了维希统治下个人道德的问题，而马塞尔·艾梅（Marcel Aymé）的《天王星》（*Uranus*，1948）等小说则以批评或讽刺的眼光，审视法国共产主义者和抵抗运动英雄。如果非说贝克特在1944年至1949年之间对法国文学政治无动于衷，因此对他在1939年4月就强调"归属"，同年9月4号毅然返回，并随后决定为之效力的这个国家也无动于衷，那么贝克特在法语小说家里也太与众不同了一点。

贝克特对战后法国发生的许多糟事都了如指掌。他回到巴黎时，恐怖气氛正浓。[1] 在逮捕和清洗的标题下，《费加罗》（*FIGARO*）杂志每天公示即决审判和处决的名单与记录；《战斗》（*Combat*）或其他杂志也发布类似信息。有人声称，恐怖事件的发生是为了让这个国家"平静地愈合

---

[1] 参见 Lottman, *The Purge*, p. 76.

和重建",贝克特清楚,这尤其讽刺。[1] 例如,在战争结束后不久创作的《世界与裤子:范费尔德兄弟的画》("La peinture des van Velde ou le Monde et le Pantalon")一文里,贝克特指出,虽然范·魏尔德(van Velde)的绘画似乎缺少大灾难后的必要的人性,但事实上,它所包含的人性,比"所有朝着神圣绵羊的幸福前进的祭司队伍"更丰富。他这么写显然是影射法国语境,影射过分的锄奸行动,尤其因为他提到这幅画将遭到乱石袭击(*DI*,第 131—132 页)。此外,他也意识到一种新的英雄主义崇拜。因参加抵抗运动,对解放做出贡献,他于 1945 年获得十字勋章。戴高乐亲自签署奖状,称他是"(一位)勇气卓绝的人","勇往直前地完成使命"[2]。这显然不是贝克特自我评价的口吻。然而,这个充斥着英雄,忙着款待政治流亡者回乡的法国,却同时轻视或忽视被驱逐在外的劳工、战俘和犹太人。

贝克特已经在圣洛遭遇过一种新的法国沙文主义,那里的法国人只想得到爱尔兰物资,却不接纳爱尔兰人。[3] 在《废墟之都》中,他坚决反对戴高乐主义和佛朗哥中心主义,主张部分互惠的原则,尤其主张"结合本土与异乡的气质",在爱尔兰和"不寻常却出了名的法国精神模式"

---

[1] 参见 Lottman, *The Purge*, p. 48.
[2] 引自 Cronin, *Samuel Beckett*, p. 341.
[3] 参见贝克特于 1945 年 8 月 19 日致麦格里维的信;引自 Knowlson, *Damned to Fame*, p. 346.

之间"建立关联"。因为爱尔兰人痛苦背后的"命题"是"他们成为我们的方式,不是我们的方式,而我们成为他们的方式,也不是他们的方式"(CSP,第277页)。解放运动并没有迅速结束法国人含辛茹苦的生活,贝克特和苏桑娜也深陷其中。贝克特从圣洛返回巴黎时,巴黎黯淡无光,建筑昏暗,物资长期短缺。贝克特以前就从未为他所谓的贫穷苦恼,现在也对此云淡风轻。但法国正在经历的道德危机却是另一回事。1948年,在动笔写"三部曲"之前,他写信向麦格里维诉苦:"法国的新闻太令人沮丧,总之会让我沮丧。"并强调:"所有错误的事情,所有错误的方式。有时我很难感觉到这还是一个人曾经留恋的法国,是我至今仍留恋的法国。我指的并不是物质条件。"[1] 如果说贝克特所钟爱的法国似乎正面临消失的危险,部分原因是维希投下了深长的阴影。维希政府制定的许多限制在解放后仍然存续。"所有错误的事情"都在发生,不仅限于政治领域,甚至连法国生活中最亲密、最内部和最隐秘的领域也开始朽烂。怀疑四处蔓延,而且延伸至未来仍不休止,正如娜塔丽·萨洛特(Nathalie Sarraute)在小说里力证的那样。腐败盛行,大家对别人新近遭遇的苦难漠不关心。

这就是贝克特世界的特征。从1946年初到1950年1月,他把自己封闭起来,写了《梅西埃和卡米耶》

---

[1] 贝克特于1948年1月4日致麦格里维的信;引自 Knowlson, *Damned to Fame*, p. 354.

(*Mercier and Camier*)、"四故事"(《初恋》《被驱逐的人》《镇静剂》和《结局》),1947年5月起开始创作"三部曲"。他称这段时期"围困房间"[1]。后来他也用战场来比喻,例如,他在马恩河(Marne)附近买了一所房子,形容自己在"马恩河上的泥坑"里与手头上的工作"苦苦搏斗",或"沿着最后一段沟渠"向上爬。[2] 在《德国日记》里,他称自己的内心世界是"无人区","语言像枪一样在我的脑壳里轰鸣"[3](*GD*, 31.10.36)。这些意象对于"三部曲"来说尤为重要。"三部曲"处处充斥着让人联想起现代战争及其恶果的词汇和画面:燃烧、爆炸、动乱、爬行、清除、救护车、靴子、拐杖、军粮、壁垒、哨岗、警卫室、住院、歼灭、断肢、截肢、漆黑一片、防空洞、森林里的暴力冲突、冲锋号、夜晚的哭喊、谋杀、杀戮、停电、失忆、灭绝、军团、退役军人、战争抚恤、残肢、征募、裹腿、毁容、尘埃云、溃烂的伤口、暴君、火山口、集体埋葬、纪念碑、厚大衣、回忆录、泥土、腐肉、被烧成焦堆或活火把的身体、伐根、脱臼,以及最重要的,废墟,"事物倾斜,一直滑落和崩溃"(*TR*,第40页)。"三部曲"的主人公都在平淡无奇,或支离破碎的地带磕磕绊绊地前进。

---

[1] 在不同的时代针对不同的人;引自 Cronin, *Samuel Beckett*, p. 364.
[2] 贝克特致艾伦·施奈德的信;引自 Cronin, *Samuel Beckett*, pp. 459, 462.
[3] 参见 "Samuel Beckett: The Intricate Web of Life and Work", *Journal of Beckett Studies*, XVI/1-2 (Fall 2006/Summer 2007), pp. 17–29 (p. 23); 引自 Roswitha Quadflieg, *Beckett Was Here: Hamburg im Tagebuch Samuel Becketts von 1936* (Hamburg, 2006), p. 90.

"三部曲"相当于贝克特20世纪40年代后期存货的一个草稿清单（但绝不仅限于此），它的确提供了一些零零碎碎的短语，塑造了一个生动、铺张、扣人心弦、令人难忘的战争故事。马龙说"大块乌黑的垂云，令人永生难忘"，横扫蔚蓝（*TR*，第198页）；无法称呼的人说"远处灯光低闪，从火焰中升起，向我袭来"（*TR*，第352页）；"小圆厅，无窗，却有枪孔"（*TR*，第320页）：一切都为以上叙事目的而调整。"三部曲"的故事背景里一再呈现战争受害者的惨状："被活活烧死"，"四处乱窜"（*TR*，第370页）；马龙"剧烈头痛"（"我的脑袋。着火了，都是滚烫的油"，*TR*，第275页）；无法称呼的人"心脏已无知觉，神经从中撕裂，伴随着极度恐惧，如火燃烧"（*TR*，第352页）。马龙提到"世界的声音"已混合成为"一种绵绵不休的响亮的嗡嗡声"（*TR*，第207页），这使人想起炮弹的折磨。如果说莫洛伊、莫朗、马龙和无法称呼的人都被"不可名状的黑暗幽灵"（*TR*，第12页）包围，"一切都搞砸了，糟透了"（*TR*，第375页），那么这显然和近期历史、贝克特的个人经历有关，即使不是直接相关。

同样，"三部曲"里也留下抵抗运动和盖世太保的痕迹。密码、报告、安全地点、目标、任务、绞刑、拷问台、审讯人、秘密、特工、代号、殴打、监视、背叛、规定、牢房、夜间巡逻、相互戒备、恐吓同胞、"复仇行为"（*TR*，第131页）、亲属藏身处、被老鼠折磨、"窥视和窥探"（TR，第94页）、鬼鬼祟祟窃窃私语、秘密投毒、首领指示、"欺骗、下套、非议"和"抓斗"（TR，第362页）、戴着"重击一切"的手套（TR，第350页）、供认、供出名字或"管起来"（TR，第378页）、审计员"听那永远不会传来的呻吟"（TR，第371页）、忙着收集数据（就像贝克特为"格洛里亚"所做的那样）：以上都以某种形式在作品里出现。莫朗称自己是"忠诚的仆人……忠于一项不属于自己的事业"（TR，第132页），贝克特本人也如此。

更显著的是，"三部曲"里的很多内容都让人想起锄奸行动。20世纪40年代中期至末期，"三部曲"与文学、新闻之间的相似之处日益引起公众对净化监狱里残暴行径的广泛关注，虽然这些相似之处有待进一步推敲，但无疑确实存在。普遍说来，无法称呼的人生活在一个"你必须指责他人，罪犯不可或缺"的世界（TR，第415页）。一个人必须不惜代价让自己看上去天真无辜，就像《莫洛伊》里的"嗜血暴徒"，他们长着"雪白的胡须和天使般的小脸蛋"（TR，第33页）。无法称呼的人以惊人的洞察力透视这个世界：

> 我们愚蠢地互相控告，主人控告我，控告他们，控告自己，他们控告我，控告主人，控告自己，我控告他们，控告主人，控告我自己……我们一派天真，天真包罗一切，包罗所有错误、所有问题，天真终结了问题。（TR，第379页）

在整部"三部曲"里,难有段落比这一段更能引起共鸣。莫洛伊以一种不怎么老道的方式,痛斥那些"正义人士"和那些"和平卫士",他们总是"张嘴乱吠,却吠得不合时宜"(TR,第35页)。马龙的世界充满追击和"报复",甚至被"正义"追捕,受其威胁(TR,第195、276页)。莫朗将怒火发泄于"巡回法庭"(TR,第127页)。无法称呼的人将"代表"大会联想为迫害(TR,第315页)。

然而,正是莫洛伊,最生动地唤起了困扰法国至少十年之久的两个问题,即暴力和双重矛盾旧习:

> 早晨应该藏起来。他们醒来,精神抖擞,为了秩序,为了美丽,为了正义,他们大声疾呼,争取自己应得的东西。午后再来一轮,在宴会、典礼、庆祝、演讲之后……大多数情况下,夜间净化行动由专职人员负责。他们只做这个,大多数人不参与其中,全面考虑的话,他们更喜欢自己的暖床。睡眠才是神圣的,因此他们只在白天处以私刑。(TR,第67页)

不言而喻,这并非直接唤起历史,也并非再现历史。就像对战争和抵抗运动的引用一样重要的不仅有分散的意象和零星的语言,而且还有那些取代历史内容的意象和影射历史事实却闪烁其词的语言。[1] 隐晦性很关键,爱尔兰特性

---

1 引自克莱尔·威尔斯对20世纪40年代末贝克特作品的评述,Clair Wills, *That Neutral Island*, p. 414.

在人物身上零星、不可捉摸地呈现也很关键，这些都与历史材料保持着一定距离。但最重要的一点是，历史就像一堆碎瓦残骸散落在"三部曲"里，散落在书页里。有关的历史沉积物构成贝克特这一时期许多富有想象力的原始素材，"三部曲"展示了一种以（适当距离）去处理和改变历史素材的方式。但问题是，这种处理到底应涉及哪些内容。

"三部曲"里的人物本身就带有许多印记，如屈辱、堕落、羞耻、怀疑、残忍、自我麻醉、污浊过往、对压迫和不公正的痛苦认识等，这些都令战败后的法国蒙羞。因此，在某个精准的分隔点上，他们愤怒，他们爆发和控诉，他们陷入激烈的语无伦次，语气就像是法国战后的气氛，在诸如赖伐尔审判的笔录中具象化。这正是《无法称呼的人》所体现的情况，正义与语言的关系，在小说和审判里都很突出。然而，与无法称呼的人不同，赖伐尔决定不再继续，在结局早已盖棺定论的情况下保持沉默。"三部曲"里的人物都陷入了剧烈的自我折磨，与自己痛苦地争吵，既内化了法国本身的某种状况，同时起到隐喻和类比的作用。

在所有这些方面，"三部曲"似乎坚持了一种文化气质，戴高乐、其盟友和继任者都一心想着迅速清除这种气质。在这方面，贝克特与玛格丽特·杜拉斯相似，我们知道他赞同杜拉斯。[1] "三部曲"里坚定的反英雄主义立场，表明作者坚决反对1944年后戴高乐主义者的法国民族精神，反对他们复兴和清理的主张，反对他们对近代历史的改写。如果说《莫洛伊》里的"人民"需要"在艰苦的劳作中得到鼓励，需要眼前只看到力量、勇气和欢乐"（*TR*，第25页），那么莫洛伊和贝克特都不会迎合这种需求。贝克特故意，有时还略带嘲讽地玩弄戴高乐主义者的语言和符号。马龙那自发的忠诚讽刺意味十足：

> 是的，这就是我喜爱自己的地方，反正，至少我可以说"Up the Republic!（起来吧，共和国!）"，或者说"Sweetheart!（亲爱的!）"，不用去想我是否得把舌头割掉，或顾左右而言他。对，我不用费脑筋，话前话后都不用再三考虑，我只需张嘴，让它自己去证明古老的故事。（*TR*，第236页）

莫朗则浮想联翩，想象自己被儿子用一条长长的绳子拖着，"就像加莱义民一样"（*TR*，第129页），他这是为法国英勇的民族主义树立了一个经典的标杆。莫洛伊那件像"一只细小横杠"的东西（*TR*，第63页），也不是不可捉摸，它是对洛林十字架（Cross of Lorraine）的轻微变体，也是

---

[1] 参见 Knowlson, *Damned to Fame*, p. 453.

对它的荒诞讽刺，是圣女贞德的另一象征——✝。1944 年后，它的图案稍作改变，用作了自由法国军队和联合抵抗运动的标志，遍布法国各地，从旗帜到头盔上都有。[1] 法国喜剧作家皮埃尔·达克（Pierre Dac）曾告诉那些通敌者，至锄奸行动结束，他们将"什么都不是，只不过一小撮垃圾"[2]。"大局已定。垃圾桶里"（*DI*，第 131 页）：这等于宣称，有些人根本不是真正的人类，即言下之意，人们可以把有问题的存在扔进垃圾桶。相反，贝克特却执意把笔下人物塑造成垃圾堆（或活在垃圾堆里的人）。他的兴趣是人类垃圾本身（*per se*），而不是再生人类的原型。

最重要的是，在贝克特 20 世纪 40 年代的作品里，这个无法称呼的人似乎最坚决抵制戴高乐主义振奋人心的腔调，戴高乐主义那法国道貌岸然的官箴，无疑增强了他这一意识。无法称呼的人听到许多人振臂高呼："他们告诉我，向我解释，跟我描述，这一切是什么，怎么样。还有人，在试图同化我之前，给我上了关于人的课。"（*TR*，第 326 页）那些值得质疑的声音想把无法称呼的人抬升层次，"引诱"他进入一种优越"状态"（*TR*，第 363 页）。因此，他们轮流确保"必须说大话"，并"粘上"无聊的话和废话

---

[1] 感谢洛娜·梅隆（Lorna Mellon）让我想到这一点。"区别"在于，在 20 世纪的法国版本中，两条水平线中，较低的一条比较高的一条长，两条都在垂直的方向更接近顶部，而非底部。

[2] 引自 Jean-Louis Crémieux-Brilhac, *Les voix de la liberté*; *Ici Londres*（1940—1944）, 5 vols（Paris, 1975）, vol. IV, p. 245.

(*TR*，第341页)。他们试图使他相信这是永恒的真理，虽然这些声音本身并不永恒。那套冠冕堂皇的人道主义修辞具有特殊的历史性：在战后复苏的头二三十年里，它是前交战国支离破碎的文化里的通行货。贝克特不会对此感到惊讶，他认为"瘟疫、里斯本或大规模宗教屠杀"与高尚情怀的诞生有着密切关系（*DI*，第131页）。他内心深潜的伏尔泰特质在此表露。像无法称呼的人一样，贝克特与那些声音斗争，经验主要来自戴高乐主义。在贝克特看来，戴高乐主义者的人道主义完全是感性、理智和勇气的多重失败。他们不断制造，且又重复着他们想要解决的问题，恐吓着重现当年的"犯罪现场"（*TR*，第318页）：

> 他们给我上了一堂堂关于爱和才智的课，这是最宝贵、最珍贵的。他们还教会我识数，甚至推理。那些废物迟早能派上用场，我不否认，但假如他们能让我安安静静地待着，那些用处就永远用不上。（*TR*，第300页）

大量无法弥补的损失被这种"复苏"情绪所掩盖。贝克特的战后作品充分体现出这一点。无法称呼的人说的话里有一种意识，那就是历史的破坏不易修复，即便能被修复，其破坏也无可挽回。

当然，用戴高乐的话来说，那些声音希望无法称呼的人忘记痛苦，或至少缓和痛苦。那些声音希望无法称呼的人与它们"交好",并使其"同类"也"照单全收"(*TR*,第 327、300 页)。本着时代精神,他们首先希望无法称呼的人和解(reconciled)。也就是说,他们希望无法称呼的人"爱邻居,并保持理性"(*TR*,第 338 页)。他们希望无法称呼的人承认公正与和谐普遍存在。但无法称呼的人抗拒被拖到真、善、义的光明境地。他对任何形式的拔高都持有根深蒂固的强烈敌意:

> 啊,但那个不同意见的人低声咕哝,咕哝着被他们这种人道扼杀的东西,死刑犯微弱地喘息,被绞死和被折磨的人在地牢里腐烂,为庆祝被流放呻吟着,都要当心。(*TR*,第 328 页)

这一点忠实贝克特最深刻的灵感之一,同时也否定那些无情附给现代人的历史拯救方案的模式和基调。

与莫洛伊、莫朗和马龙一样,无法称呼的人也只是一个替罪羊,背负着别人都急于摆脱的罪恶意识。如果说勒内·基拉尔是替罪羊的理论大师,那么詹姆斯·弗雷泽(Sir James Frazer)就是替罪羊理论之集大成者。在两卷版《金枝》(*The Golden Bough*)中,尤其在"垂死的上帝(The Dying God)"和"替罪羊(The Scapegoat)"的内容里,弗雷泽告诉读者,许多部落都试图用新的形象来修饰历史上的邪恶标记,"用一种物质媒介,定期驱除有害物质",以此"立刻消除一个民族沉积的悲痛"。[1] 例如在易洛魁部落（Iroquois）里，村庄里的人就到处去收集那些标记。替罪羊有时是神圣的苦行僧，就像《本生经》(*Jataka*)里写的一样[2]，不过替罪羊给人的印象通常更忧郁。替罪羊可能生病、不健全、虚弱、怪诞或罪孽深重，"颓堕委靡"[3]。某些部落尤其将"痛苦却必须承担的责任"强加给"一些可怜虫、社会弃儿、举步维艰的无名小卒"[4]。值得注意的是，在"三部曲"里，人物可能是自愿充当替罪羊，"将危害他人的邪恶之力转嫁到自己身上"[5]。

"三部曲"里的人物就像替罪羊一样扛起当代历史的重负。但作为替罪羊，贝克特不仅要他们承受痛苦，还让他们去工作。战后不久，法国《萨瓦抵抗报》的一位愤怒的记者就曾质问："就算那些罪犯和叛徒都关得严严实实，可他们近在咫尺，我们怎么能活得不痛苦、不仇恨?"[6] "三部曲"解答了这个问题，提出一个"共同生活"的概念，同时也是一个"设法解决"的概念。贝克特一直对"持续

---

[1] 参见 Sir James Frazer, *The Golden Bough: A Study in Magic and Religion*, 3rd edn (Basingstoke, 2002), Part III, *The Dying God*, especially chap. 6, "Sacrifice of the King's Son", pp. 160—195; and Part VI, *The Scapegoat*, especially pp. 198—223; VI, p. 72.
[2] 《本生经》是印度的一部佛教寓言故事集，主要讲述佛陀释迦牟尼前生的故事。——译者注
[3] 参见 Sir James Frazer, *The Golden Bough: A Study in Magic and Religion*, 3rd edn (Basingstoke, 2002), VI, p. 212.
[4] Ibid., VI, p. 222.
[5] Ibid., VI, p. 72.
[6] 1945 年 9 月 1 日 *La résistance savoyarde*; 引自 Megan Koreman, *The Expectation of Justice* (Durham, NC, 1999), p. 93.

的炼狱过程"这一概念感兴趣（*DI*，第33页），并将它与乔伊斯对"人性恶循环"的处理联系起来（同上）。"三部曲"拒绝速战速决的方案，尤其在叙述手法上。作为回应当代法国的一个方式，它提倡用炼狱式的劳动来对抗净化。无法称呼的人说："他们用他们的圈套把我拿下，在狂欢节里朝我扔石头。"（*TR*，第327页）这让人想起许多法耳玛科斯人，他们也被石头砸，就像《萨蒂利孔》（*Satyricon*）[1]里的欧摩尔波斯（Eumolpus）一样。欧摩尔波斯贫困、聪明、无能，是"一个衣衫褴褛的家伙"、"一个冷酷的稻草人"。他因为重视语言和"最可爱的艺术"，在一个充满敌意的世俗世界里（即尼禄统治的罗马）朗诵好诗，却因此被扔进神殿里被石头砸。[2] 无法称呼之人的审判可能部分源自1937年2月9日德累斯顿的判决，当时贝克特尽量避免在狂欢夜（*Faschingsnacht*）上惹麻烦（*GD*，9.2.37）。但我们很快就能从下文得知更多他在战后狂欢节上跌跌撞撞出场的故事。

---

[1] 这本书也被译为《爱情神话》，由古罗马抒情诗人兼小说家佩托尼奥著，描述并讽刺了罗马暴君尼禄荒淫的一生。——译者注
[2] Petronius, *The Satyricon*, trans. with intro. and notes by J.P. Sullivan (Harmondsworth, 1987), pp. 96—101.

7 谁有意义：冷战时期的世界，1950—1985

1953年，《等待戈多》在巴黎巴比仑剧院（Théâtre de Babylone）首演，由罗杰·布林（Roger Blin）执导。贝克特首次享受了成功——作为一名法语剧作家。这部剧很快观者如潮，贝克特也因此声誉更隆，并赚了些钱。这位曾是爱尔兰人，后来成为法国人的作家因此享誉国际。在20世纪50年代早期，那些好奇贝克特作品，并为其宣传的人都是法国或巴黎人。《等待戈多》之后，美国人赫然出现在贝克特的人生故事里，如纽约格罗夫出版社（Grove Press）的巴尼·罗塞特（Barney Rosset），他成为贝克特在美国的主要出版商；帕梅拉·米切尔（Pamela Mitchell），即哈罗德·奥拉姆（Harold Oram）集团在美国版《等待戈多》上的代理人，成了贝克特的情人；传记作家理查德·埃尔曼（Richard Ellmann）在欧洲搜罗有关乔伊斯的消息；此外还有导演艾伦·施奈德。德国人也开始对贝克特感兴趣，英国人则五味杂陈。在英国,贝克特起先又遭遇他从前经历过的拒绝,只不过是另一种版本。例如,《每日邮报》(*Daily Mail*)公开宣称,《等待戈多》里表现的是巴黎左岸的理念。[1] 但在知识分子、导演和男女演员里,贝克特有忠诚的支持者,比如哈罗德·霍布森(Harold Hobson)、肯尼斯·泰南(Kenneth Tynan)、唐纳德·阿尔伯里(Donald Albery)、彼得·霍尔(Peter Hall)、唐纳德·麦克惠尼(Donald McWhinnie)、芭芭拉·布雷(Barbara Bray,贝克特的多年情人);后来还有比莉·怀特洛(Billie Whitelaw)、约翰·考尔德(John Calder)和哈罗德·品特(Harold Pinter)。在一种可怕的、极度不信任知识分子的庸俗文化

《等待戈多》,巴黎,1961年。

---

1 *Daily Mail*, 4 August 1955;引自 James Knowlson, *Damned to Fame: The Life of Samuel Beckett* (London, 1996), p. 415.

里，这些人既蔑视审查者，也蔑视民粹主义者。他们对贝克特来说反而是件好事，因为贝克特一度惊骇爱尔兰的审查制度，他甚至曾经禁止自己的戏剧在爱尔兰上演。

于是，贝克特的名字开始出现在一个更大的世界里。尤其在萌现了对贝克特的学术研究之后，其名声的传播更加多元化。对贝克特的研究成果激增，主要将他视为一个杰出的法国名流（存在主义者、新浪漫主义者或"荒诞派"剧作家），这进一步促进了他的全球影响力。贝克特本人的活动领域也由此扩大。他定期往返法国和爱尔兰。《等待戈多》在英国遭受抨击，让人不禁联想起《莫菲》，贝克特对英国人感到绝望，称其为"守店人（shopkeepers）"[1]。然而，就像之前许多爱尔兰天才一样，贝克特同时又需要英国人，彼时英国已成为他英语作品（或法语作品英译）的重要出口，他待在伦敦的时间越来越长，在那儿指导、宣传自己的戏剧作品，尤其是为电台和后来的电视写的戏剧。

出于类似原因，他待在德国的时间也越来越长。他只到访美国一次，为拍摄短片《电影》（*Film*），该剧主演是天才巴斯特·基顿（Buster Keaton），在两人的合作中，贝克特遭到冷遇。离开时，贝克特觉得"这个国家不怎么适

---

[1] 贝克特于 1985 年 8 月 7 日致麦格里维的信；引自 Anthony Cronin, *Samuel Beckett: The Last Modernist* (London, 1996), p. 448.

合我……这里的人太奇怪了"[1]。不过,贝克特离开美国后,却有越来越多的美国学者跑来找他。世界各地的学者都来拜访他,给他寄书、论文和手稿,并向他提出各种问题和请求。国外戏剧界同行也经常来访,贝克特与其中一些人关系深厚,尤其是爱尔兰演员杰克·麦克高兰(Jack McGowran)和帕特里克·马吉(Patrick Magee)。贝克特的亲人故友因此常在巴黎露面,同样露面的,还一些被他扭转了命运的人,比如圣昆廷(San Quentin)监狱里的囚犯

贝克特正指导《等待戈多》排演。

---

[1] Patsy Southgate, "Rosset Remembers Beckett", *Summer Book Supplement to the East Hampton Star and the Sag Harbor Herald*, 24 May 1990;引自 Knowlson, *Damned to Fame*, p. 525.

里克·克卢奇（Rick Cluchey）[1]。

在《德国日记》里，贝克特曾激唤起"孤独的荒谬之美"[2]（GD, 6.11.36），他常被视为现代孤独的伟大倡导者，但他的晚年生活却看上去如此热闹鼎沸，甚至不合常理。紧张忙碌的贝克特似乎有些反常，更反常的是，贝克特生活的冷热两极互不交涉。20世纪后期，一种奇怪又共生的逻辑不断拉近他和世界的距离。一方面，对于如此负隅抵抗当代文化秩序的人，当代文化都肃然起敬。当代文化崇拜隐士，却又急不可耐地把他们从巢穴里拽出来；崇敬清廉之人，却相应地讨要更多作品，蚕食鲸吞其艺术创作所需的时间。当代文化以这种自相矛盾又几近毁灭的形式表达它的献身精神。贝克特对作品一丝不苟的态度和他不爱出风头的性情使他因此名扬四海。另一方面，贝克特小心谨慎的性格也使他得以避世，至少，得以投身剧院，尝试最艰苦卓绝的戏剧实践。然而他却一再哀叹自己的专注徒劳无益。退求其次（Faute de mieux），他采取了现代双重生活的策略。"围困房间"的窘境已成为过去。为了继续创作，1953年后，他长期待在自己的第二个家，也就是他和苏桑娜在于西（Ussy）附近建造的小房子，以求"在

---

[1] 克卢奇被判无期徒刑，但随后减刑。参见 Knowlson, *Damned to Fame*, p. 611.
[2] 引自 Roswitha Quadflieg, *Beckett Was Here: Hamburg im Tagebuch Samuel Becketts von 1936* (Hamburg, 2006), p. 107.

寂静和孤独中疗愈"[1],并咀嚼着那些并发的症状,将其作为一种悲怆的来源。他又创作出许多别出心裁、极具好奇、妙笔生花的作品,但他与苏桑娜的关系却日渐疏远。对于他人的要求,贝克特有求必应,自己因此备受折磨,筋疲力尽,只留下"荒漠之梦"[2]。频繁参加活动也令他为之衰弱。

"将隐士从巢穴里拖出":贝克特,1956年。

---

1 贝克特于 1955 年 8 月 11 日致麦格里维的信;引自 Knowlson, *Damned to Fame*, p. 390.
2 贝克特于 1963 年 7 月 31 日致亨利·温宁(Henry Wenning)的信;引自 Knowlson, *Damned to Fame*, p. 507.

贝克特晚年偶尔回归从前写作时的自我，这在《跌倒的人》(1957)里表现得尤为突出，这是他最具爱尔兰风格的一个短篇。然而值得注意的是，就像20世纪30年代末贝克特从一个爱尔兰人转变成为一个法语作家一样，从50年代中期开始，他不仅让自己与时俱进，而且也让自己的艺术适应新的历史趋势，发展成为一门世界的艺术。这一发展有双重意义。一方面，一个真正抽象的贝克特终于出现。他的早期作品里还明显带有历史残余，在这一时期的名作《是如何》(1964)、60年代末和70年代初更正式的作品和"圆柱体短篇"里，这些历史残余逐渐消失，如《想象力死去想象吧》(*Imagination Dead Imagine*)、《乒》(*Ping*)、《够了》(*Enough*)、《无》(*Lessness*)和《灭绝者》(*The Lost Ones*)。

然而，另一方面，从20世纪50年代中期开始，贝克特的艺术出现了一种新的张力，似乎不那么抽象，更具全球性。这些作品充满一种认识，即历史本身确有其事。它们显然是为回应冷战的历史条件，或者至少回应冷战中的特殊阶段，因为这些历史条件似乎前所未有地包罗万象。历史、生活和艺术三者之间的联系并不像它看上去那么曲高和寡。毕竟，冷战的焦点是在欧洲舞台，尤其是柏林。从1945年开始，东西两方就在柏林对峙。赫鲁晓夫称这座城市是"西方的睾丸"。他曾说："每当我想让西方尖叫，我就捏一捏柏林。"[1] 贝克特自然听到了尖叫。他多次造访柏林,对柏林逐渐熟悉。哪怕他在冷战期间成为一个柏林人,也不会让人感到特别意外。

冷战对贝克特产生的影响,首先体现在《终局》上。《结局》创作于1954年至1956年。1953年至1962年,冷战升级,核危机爆发。美国在1952年研制并测试了第一颗氢弹,苏联于1953年紧跟其后。《时代周刊》(*Times*)曾评论:"1954年最可怕、当然也是最响亮的事件并不是发生在华盛顿、伦敦或莫斯科,而是发生在距澳大利亚东北2000英里,太平洋一个荒凉的珊瑚礁上。3月份比基尼岛(Bikini)发生的氢弹爆炸……使广岛原子弹相形见绌,物理学家很快解释,这种炸弹的大小在理论上似乎没有任何限制。"从现在起,人类将遭到"'宇宙死亡'那神出鬼没的幽灵"[2] 的纠缠。这个试验只是系列测试的第一项,"只会加剧国际焦虑"[3]。美国国务卿约翰·杜勒斯(John Foster Dulles)断言,美国必须依赖核武器,而非依赖常规武器。至1954年,他主张对苏联进行"大规模反击"[4]。

但苏联也有能力进行类似反击,从逻辑上讲,这必然导致双方疯狂的、不断升级的相互摧毁。北大西洋公约组

---

[1] 引用不明,Steve Phillips, *The Cold War* (Oxford, 2001), p. 163.
[2] "1954年:年度肖像画",《泰晤士报》,1955年1月1日,第1页。
[3] Andrew J. Dunan, *America in the Fifties*, with a foreword by John Robert Greene (New York, 2006), p. 134.
[4] 参见 http://en.wikipedia.org/wiki/Massive_retaliation.

Fin de partie（法国版《终局》），巴黎，1957 年。

织（NATO）于 1949 年开始生效；作为回应，苏联联合东欧国家于 1955 年 5 月 14 日签署了《华沙条约》，根据条约，各成员国承诺，一旦受到攻击将相互保护。两个庞大的武装集团隔着铁幕互相仇视。1956 年匈牙利十月革命（Hungarian revolution）失败，匈牙利人奋起反抗苏联操纵的傀儡政府，却被入驻的苏联武装迅速镇压，革命的失败说明了这种冷战的分裂。同年，苏伊士运河战争（Suez Crisis）爆发，美国试图遏制苏联对中东的威胁，"大规模反击"变成一场实际的挑衅。杜勒斯提出"边缘政策（brinkmanship）"，认为"在不卷入战争的前提下趋近交战边缘，这是必要的艺术"[1]。至此，世界似乎不得不按照一种疯狂的理性来运行，带着多少有些抑制的对末日的恐惧。

应对这一情境，文学、戏剧和艺术迅速做出富有想象力的反应。在奥威尔（Orwell）的《1984》（*1984*，1949）里，大洋洲处于后原子状态。在普里斯特利的《夏日之梦》（*Summer Day's Dream*，1949）里，少数核毁灭幸存者成功组建了一种更好的生活。[2] 在布拉德伯里（Ray Bradbury）的《华氏451度》（*Fahrenheit 451*，1953）里，核战争吞噬了一个焚书的反乌托邦。在威廉·戈尔丁（William Golding）的《蝇王》（*Lord of The Flies*，1954）里，男孩们成功逃离核袭击。后末日的忧郁景象于1957年达到巅峰，在内维尔·舒特（Nevil Shute）的小说《在海滩上》（*On the Beach*）里，澳大利亚发现散落的人类残骸，那些人曾遭受辐射后凄凉地等死。在电影领域，1951年阿奇·奥博勒（Arch Oboler）编写和执导《五》（*Five*），这是美国第一部关于核幸存者的电影。其他类似影片还有：《入侵美国》（*Invasion USA*，1952）、《世界末日》（*The Day the*

---

[1] *Life*，1956年1月16日。"边缘政策"一词最初由阿德莱·史蒂文森（Adlai Stevenson）合成。
[2] Charles A. Carpenter, *Dramatists and the Bomb: American and British Playwrights Confront the Nuclear Age 1945—1964*, Contributions in Drama and Theatre Studies, no. 9 (Westport, CT, 1999), p. 55.

World Ended，1955）和《无极世界》（*World Without End*，1958）。《终局》里偶尔出现的荒凉景观与以上背景密切相关，那些书中景观和许多现实环境一样，遭到彻底破坏，共享那令人惊骇的、被污染的空气。据杰克·麦高恩（Jack MacGowran）回忆，当他 1964 年在巴黎的英语剧院演出《终局》时，贝克特缩短了剧中克劳夫（Clov）对窗外所见景象的描述，因为他"希望留下怀疑"，怀疑"人类生命存在"是否能延续下去。[1] 大西洋两岸的报刊早期发表《终局》评论时，版面周围都布满核军备竞赛的可怕新闻。

当然，当下反思这段绝世浩劫的悲恸历史，反思世界末日临近的流亡经历，我们可能会感到讶异不已。但是这种对覆灭的恐惧其实极其严重，也极其残忍。贝克特的性情中也有一种张力，一开始就与冷战风气密切相关。一想到隐含的巨大灾变，《终局》里的欢声笑语就更令人毛骨悚然。因此，如果把这部剧和文化冷战的阴谋并置，我们就能衡量出它的完整性和直率程度。涉及文化冷战的作家形形色色，包括库斯勒（Arthur Koestler）、斯彭德（Stephen Spender）、马尔罗（André Malraux）、特里林（Lionel Trilling）、阿伦特（Hannah Arendt），甚至奥威尔等，此外，冷战还推助名噪一时的英国人文期刊《文汇》

---

[1] Dougald McMillan and Martha Fehsenfeld, *Beckett in the Theatre: The Author as Practical Playwright and Director* (London and New York, 1988), p. 174.

(*Encounter*)得到美国中央情报局（CIA）的秘密资助。在这一主题里，桑德斯（Frances Stonor Sanders）的《谁为吹笛人买单？中情局与文化冷战》(*Who Paid the Piper?: The CIA and the Cultural Cold War*)是经典之作，发人深省，极富教育意义。但从没有人提到贝克特。[1]

其实，历史性在《终局》里是一个至关重要的问题。正是由于其历史性、其历史结局本身的可避免性，这部剧帮助我们从另外的，甚至相互冲突的角度去解读历史。它表面看上去泛泛而谈，"闹剧"千篇一律、"日复一日"地在剧中世界上演（*CDW*，第106页）；时间总是"一成不变"（*CDW*，第94、109页）。但当哈姆宣布"这一天像往常一样结束"时（*CDW*，第98页），严格说来他另有所指，因为在他所宣称的世界里，不再有潮流或土耳其狂欢，不再有自行车或有待"检查"的"乞丐"（*CDW*，第96页），晚上不能亮灯，连老鼠都难以存活，更不可想象还有任何可见物出现"在地平线上"（*CDW*，第107页）。在这个特殊世界里，"不再有自然"（至少"附近"没有，*CDW*，第97页）；或更确切地说，自然只存在于克劳夫的讽刺话语里：其他人，比如"老医生（old doctor）"和佩

---

[1] Frances Stonor Sanders, *Who Paid the Piper? The CIA and the Cultural Cold War* (London, 1999). 也参见 Hugh Wilford, "Calling the Tune? The CIA, the British Left and the Cold War, 1945—1960", in *The Cultural Cold War in Western Europe 1945—1960*, ed. Giles Scott-Smith and Hans Krabberdam (London and Portland, 2003), pp. 41—50.

格大妈（Mother Pegg），都已经"自然地"死去了。佩格大妈的光"自然地"熄灭了（*CDW*，第 104、112 页）。唯有一点很清楚："走出这里就会死"（*CDW*，第 96 页）。"整个地方都充满尸体的恶臭"（*CDW*，第 114 页），人类注定灭绝；但哈姆说，哎，在大混乱中，一切可能从一只跳蚤开始，"从头再来"（*CDW*，第 108 页）。

因此，《终局》展示了一个两极矛盾的世界，在这个世界里，"时间从未存在，时间业已结束"（*CDW*，第 133 页）。其"普遍性"似乎在历史特性之外交替存在，并由历史特性决定。冷战的背景时隐时现，这部剧的实际演出也受其影响。1967 年，贝克特亲自在柏林席勒剧院（Schiller Theater）指导这部电影，其布景就让人联想到放射性尘埃的掩体或地堡。[1] 但贝克特反感格拉斯·斯坦因（Douglas Stein）于 1984 年为哈佛大学的美国常备剧目剧院（American Repertory Theatre）设计的后末世场景。因此，该剧后核时代的场景时大时小，一切取决于其他历史背景遗留多少痕迹。例如，在有些场景中，贝克特似乎回想起盎格鲁-爱尔兰贵族的历史结局，回想其衰落前最后的灰色时期。贝克特的《戏剧笔记》（*Theatrical Notebooks*）表明，他也曾回想第一次世界大战。[2] 这可以理解。在买下"马

---

[1] McMillan and Fehsenfeld, *Beckett in the Theatre*, p. 204.
[2] *Theatrical Notebooks*, general ed. James Knowlson, vol. II, *Endgame*, ed. with intro. and notes by S. E. Gontarski (London, 1992), p. 43.

恩泥地的小房子"后不久,他写下《终局》。[1] 在1914年和1918年两次爆发的马恩河会战中,包括于西在内的塞纳-马恩省(Seine-et-Marne)是战役的中心。因其坚忍卓绝地抗战,于西是被授予法国军功十字章的七个城镇之一。那是一个贝克特式的地方。这片区域所唤起的荒凉景象也缓缓植入《终局》。

《终局》里,历史痕迹与非历史主张之间泾渭分明,这是贯穿全书的两个主要特征之一。另一个特征是小世界和大世界之间的分裂。[2] 对于剧中人物的苦恼,全剧一一针砭,打破了人们对宏伟事物的刻板印象。哈姆说,如果说灾难似乎已经席卷了这片土地,那全赖克洛夫,是他"熏臭了空气"(CDW,第93页)。自阿多诺以来,批评家们一直强调该剧寓意,强调它对宏观政治的影射和关注[3],但这也刻意削弱了更宏观视角的重要意义。剧中,人性的主要代表是两个古怪的人,他们为琐事争吵不休,如黑色三足玩具狗身上的丝带之类。这出戏的历史特殊性激发了它所抵制的普遍抽象性。奇怪、荒谬、不可预测的是,《终局》这个可笑、刻薄的舞台现实不断告诉我们,它是整体

---

[1] 引用不明,参考 John Calder, *Samuel Beckett: A Personal Memoir*,网站:www.naxosaudiobooks.com/pages/beckettmemories.htm.
[2] 这一点,以不同的形式存在,是贝克特的一个长期的主题。对于《莫菲》里的相关解释,参见 Andrew Gibson, *Beckett and Badiou: The Pathos of Intermittency* (Oxford, 2006), pp. 143—155.
[3] 参见 Adorno, "Towards an Understanding of Endgame", in *Twentieth Century Interpretations of "Endgame"*, ed. Ruth Gale Chevigny (Englewood Cliffs, NJ, 1969), pp. 82—114.

的一部分，却顽固拒绝融入整体。就像哈姆和克劳夫不足以应对他们的困境一样，戏剧的某一层面也不足以解释另一层面。在这个世界里，平衡、战略思维、看似无限的高科技能力和阿多诺所谓的"工具理性"已让人抓狂，而贝克特却坚持构建一个极度不稳的戏剧，剧中的元素根本不能相互协调连贯。至于人类历史，说来奇怪，在人类历史的某个历史阶段，人性会以千钧一发之势维护自身，只要确定了非人性的一个特殊限度。正是这样，距《终局》首演近三十年之后，贝克特的信仰终被证实。

20世纪60年代末，核军备使苏联陷入经济困境，越南战争则使美国陷入危机。对疯狂的肯定演变成为一种势均力敌。同时，西德采取东方政策（Ostpolitik），谋求与包括东德在内的东欧国家关系正常化。第一次战略武器限制谈判（SALT）于1972年6月举行。1975年，欧洲签署了关于安全与合作的《赫尔辛基协定》（Helsinki Accords），紧张局势有所缓和。但缓和（détente）的气氛并没持续多久。罗纳德·里根（Ronald Reagan）于1981年1月成为美国总统，之后迅速下令增加军费开支，并在全球范围内反共。一个新的英美轴心（里根和英国首相撒切尔）用旧的意识形态术语谴责苏联。于是，当代一些历史学家所说的新冷战（1979—1985）就这样拉开了序幕。里根发布他的战略防御计划，或曰"星球大战（Star Wars）"。苏联带着世界上最大的热核军火库迈入20世纪80年代，并储备了大量中程导弹，如有必要，这些导弹足以瞬间摧毁整个欧洲。

但是，新冷战和旧冷战还是有些明显不同。里根和撒切尔的新冷战表现为一系列局部冲突。例如，在1983年美国介入黎巴嫩内战，入侵格林纳达（Grenada），同时参与尼加拉瓜的反革命运动——所有这一切都发生在里根所谓的"圣经年（Year of the Bible）"里。与此同时，苏联在阿富汗发动战争，并且越来越干预中东、非洲和亚洲事务。

20世纪50年代和80年代初的另一个主要区别是，在西方，冷战的主要思维模式已经改变。在一定程度上，这是美国越战的后果，它使人们更怀疑冷战言论，而且变得激进。冷战历史学家所说的修正主义就是这种转变的例证。越战及战后的历史学家比之前更乐意提出关于西方妖魔化共产主义的棘手问题；更怀疑美国，怀疑其帝国野心和称霸全球、掌控欧洲经济的欲图；更将冷战双方看作彼此的镜像；并更质疑越战的隐形红利实际上并不利于国内经济，而是对大众实施控制和规训，以及顽固维护两种内在动荡的意识形态。[1]

---

[1] 例如参见 William A. Williams, *The Tragedy of American Diplomacy* (Cleveland and New York, 1959); Gar Alperowitz, *Cold War Essays*, intro. Christopher Lasch (New York, 1970); Joyce and Gabriel Kolko, *The Limits of Power*; *The World and us Foreign Policy 1945—1954* (New York, 1972); and William O. McCagg, *Stalin Embattled 1943—1948* (Detroit, MI, 1978). 修正主义后来让位于新近历史学家常提的更超然（而非贝克特式）的"后修正主义"。

这正是20世纪80年代初贝克特创作其荒凉的、偏离中心的寓言的背景，如1981年的《方庭》(*Quad*)、1982年的《收场》(*Catastrophe*)，及1983年的最后一部戏剧《什么哪里》(*What Where*)。这些戏剧与它们的历史背景有着千丝万缕的联系。贝克特一直关心作家的自由，这种关心最初源于他对爱尔兰和英国审查制度的厌恶，后来又源于对纳粹和维希更激进的审查模式的厌恶。他对囚犯感兴趣，这种兴趣有时能得到囚犯或出狱囚犯的回报。长期以来，他被监禁的想法困扰（尽管我们不清楚他是否区分了政治监禁和其他形式的监禁，因为政治监禁有其自身不言而喻的道德范畴）。他和苏桑娜于1960年接手圣雅克大道(Boulevard Saint-Jacques)的公寓，从这个公寓望出去，能

2006年，伦敦，巴比肯剧院，《收场》。

看见桑泰监狱（Santé prison），据说他习惯用镜子同其中一名囚犯交流。当剧作家费尔南多·阿拉巴尔（Fernando Arrabal）被佛朗哥政府监禁时，贝克特站在他一边，此外他还反对法国在阿尔及利亚战争中使用酷刑，抵制南非种族主义。

更特别的是，贝克特免除了自己的作品在东欧演出的版税；支持那些反对波兰宣布戒严令的呼吁。他还支持和鼓励年轻的波兰作家和翻译家安东尼·利伯拉（Antoni Libera），把自己在波兰的版税赠与他。在捷克斯洛伐克，他最关心的是瓦茨拉夫·哈维尔。哈维尔是捷克剧作家，自1968年"布拉格之春"以来，他一直被禁止进入剧院。国际艺术家保护协会（The International Association for the Defence of Artists）曾邀请贝克特代表哈维尔写一篇文章，贝克特同意了。这便是《收场》的创作由来。在德国，贝克特没有特定的支持对象，但他在西柏林多次指导或制作自己的戏剧作品，离柏林墙仅几英里远。他可能没有意识到这样做的重要意义。

《收场》是贝克特对新冷战时代的回应。它使用粗鲁、冷漠的权力语言，并因此散发一股厌恶的气息，同时兼具原则性和审美性。"快点，我有个干部会议……快走！快走！……很好。这是我们的浩劫。在袋子里。再来一次，我就走了……现在……留给他们"（CDW，第458—460页）：当爱摆谱又专横的D.（导演）发出指令后，P.（主角）仍僵在那儿，一动不动，"低着头"，不说话，"懒懒散散"（*CDW*，第457—461页），然而，最后，他终于"昂起头"表示反抗（*CDW*，第461页）。贝克特认为《收场》的重点非常明确精准，当一位评论家说这部戏的结尾模棱两可时，贝克特愤怒地回应："一点都不含糊……他在说，你们这些混蛋，你们还没把我弄死呢！"[1]

的确，本剧毫不含糊：就像剧中主角一样，《收场》一书顽强表示拒不服从。它的设计也颇有讽刺意味。贝克特所说的P. 在"说话"，显然与哈维尔和东欧政治犯的困境有关。但该剧本身与这种困境没有直接关联，P. 可能是困境的一个意象，也可能不是；剧中，P. 首先是D. 的受害者，D. 所说的语言，正是西方董事会、部长机关、管理层或军事指挥的语言。此外，D. 还有另一个受害者，即助手A.，既是他的下属，也是一位女性。该剧的实质关注点是西方职场中的权力关系，尤其关注对女性的剥削。同时，剧中讨论的工作场所也很具体，是一个剧院；D. 是戏剧导演，P. 既是被压迫的代表，又是压迫本身。当P. 在结尾"修正观众"时（*CDW*，第461页），他甚至邀请观众思考剧中所描述的权力结构的含义。

如果没有这种讽刺性的结构，《收场》可能会让怀疑论者疑惑，毕竟贝克特不可能对《谁为吹笛人买单?》产生影

---

[1] 参见 Knowlson, *Damned to Fame*, p. 680.

响,哪怕只是昙花一现的影响。从 20 世纪 70 年代末开始,美国越来越关注人权运动,将其作为与共产主义持续作战的一部分。美国中央情报局曾试图在共产主义阵营里煽风点火,资助策动异反的文化活动。贝克特利用剧场,从外部解决东欧的人权问题,虽然无辜,但也似乎与美国的秘密行动不谋而合。不过,与美国立场相左的是,《收场》似乎告诫西方注意权力滥用的问题。事实上,这部戏剧隐含了两种政治批评,它的确毫不含糊,那是因为它以一种严谨清醒的超然姿态朝两个方向转变。贝克特在本质上并不自以为是,但同理,对于共谋的迂回手法,他也不在行。这是他的重要主题,甚至可以说是他最伟大的主题之一,就像同时期的修正主义历史学家一样,他将冷战逻辑理解为莫比乌斯环。在《收场》里,他通过一个西方的形象,拐弯抹角地谈到苏共滥用权力的问题,同时通过这种手法,他坚持认为冷战本身具有可逆性。

《收场》里的主人公抬起头来。这至少还算是一种最低的反抗姿态,在《方庭》和《什么哪里》里,反抗的火苗甚为微弱,直至偃旗息鼓。实际上,《方庭》和《什么哪里》都可能被命名为《收场》,但其暗指不同,区别明显。在《方庭》里,四个人物以规律的节奏在一个被严格限定的空间里踱步,重复着相同的路线和程序,并要求相互回避。这个封闭的空间让人想到监狱的庭院,也让人想到当时的西柏林,即另一个监狱空间,也是贝克特经常出入的地方。在《方庭》里，原则上不能打破任何边界和限制，所有条件也从一开始就给定。书里发出封锁的指令，区域已"给定……单人表演的四种可能情况已给定，双人表演的六种可能情况已给定……三人表演的四种可能情况已给定……所有可能的灯光组合方案已给定……所有可能的打击乐器组合已给定……所有可能的服装组合已给定"（*CDW*，第451—452页）。《方庭》的情形就好比《等待戈多》里的弗拉基米尔（Vladimir）和爱斯特拉贡（Estragon），贝克特在关于《等待戈多》的一则短记里说明："从一开始就于事无补。"[1]《方庭》以一种抽象的、机械芭蕾舞的形式呈现这种情形。

《方庭》是关于监禁的，这在一定程度上出自贝克特对当时政治的关切。它也关于一种结构里的监禁，这种结构岌岌可危，有双重面孔。《方庭》里有两个四边形：主正方形和内正方形，内正方形里有一个标记为E的点（*CDW*，第453页），所有数字朝向E点聚集，又从E点开始向外发散。E是一个位点，若进入其中，数字可能相互纠缠、摩擦或碰撞，事故可能发生，结构可能摇晃、崩溃，最终导致整个程序出错。因此《方庭》规定一个最小的可能性，一个假设的（物质的）点，在这个点上成立一个完全给定

---

[1] 在贝克特1975年为席勒剧院制作《等待戈多》而写的笔记里。参见 *Theatrical Notebooks*, vol. IV; *The Shorter Plays*, ed. with an intro. and notes by S. E. Gontarski (London and New York, 1999), p. 93.

的逻辑。剧中指示明确告诉我们，E被"假定为危险地带"（同上），结构崩溃之地也就是爆发危险和灾难之地。《方庭》就这么似是而非地影射风险，甚至影射边缘政策。

相比之下，《什么哪里》里所描绘的闭环连一丝替代方案的迹象都没有。四个男人——讲述为别人"工作"的故事（*CDW*，第472—476页），他们被逼得尖叫、哭泣、求饶，却未能从别人那里得到必要的告解。承认失败后，他们离开，转而又成为"继续工作"的人。一个被简称为V的幽灵掌管着这个可怕的场景——他告诉我们他是第五个人物，但他的声音却属于这四个人中的一个。V是剧作家、技术员、评论家、首席观察员、解围之神（*deus ex machina*），也是一个栖居于他人的话语，集所有这些身份于一体的人。这出戏的结构几乎是一场仪式，因此产生了V那无情的结论，即尽管"时间流逝"，但其流逝的形式无情，且无情地复制和强化了权力的运作："最后我出现。／再现。"（*CDW*，第476页）同样，在贝克特为戏剧观众写的最后几行结束语里，如在《收场》里一样，他坚定重申冷战的教训，批判赤裸裸地、肆无忌惮地行使权力的行为，无论意识形态如何为其辩护，也不论由何党何派行使：

谁有意义。

我腻味了。（*CDW*，第476页）

然而，贝克特作品中最具讽刺意味的一点就是，在他最后这一部（或许也是最令人不安的一部）剧作中，凭借字斟句酌的语言，哪怕只是停留在理论层面喃喃细语，他也明确指出，放弃本质为"有意义"的自我辩护，与使现代恐怖机器失灵之间，存在着必然联系。

8 所在之处：资本的**凯旋**，1985—1989

1979年以来，残酷的国际政治似乎将死灰复燃。1983年是这一段时期的高潮，《什么哪里》里的悲观情绪似乎再合适不过了。然而，到1986年，至少就冷战而言，事态呈现出不同的面貌。1985年，米哈伊尔·戈尔巴乔夫在苏联掌权，当时苏联的经济正走向灾难。戈尔巴乔夫看到这一点，并试图扭转方向。他改革政策，将资金从军用转向民用。

里根和撒切尔察觉到意识形态上的胜利，尤其西方当时经济正繁荣。里根同意缩减军备竞赛，在1988年结束于莫斯科的一系列峰会上，美苏双方都同意大幅削减各自的核武库。到20世纪80年代末，贝克特所谓的"顽固的乐观主义"（*MU*，第157页）一代开始讨论"新世界秩序"的出现——这代人粗暴地灼烧自我，急于忘记这个世界的创伤。"新世界秩序"这个术语出现于1988年。1989年，弗朗西斯·福山（Francis Fukuyama）发表《历史的终结？》

("The End of History?")一文,作为他 1992 年出版《历史的终结及最后的人》(*The End of History and the Last Man*)一书的先声。在这篇文章里,福山认为人类已经到达进化的终极(*telos*),西方民主社会就是例证。[1] 就在这篇文章发表后不久,贝克特去世了。

"他的时代结束了":贝克特晚年在巴黎。

贝克特仿佛知道,那个塑造他、决定他艺术风格的时

---

1 参见 Francis Fukuyama, "The End of History?", *The National Interest*, XVI (Summer 1989), pp. 3—18; and *The End of History and the Last Man* (New York, 1992).

代已经终结。只有目光锐利如鹰鹘,他才能回应"历史的终结"这一概念。从他晚年剧作《静止的微动》(*Stirrings Still*)中,我们可以看出这一点:

> 就这样在一无所知中继续不见尽头。一无所知且毫无求知的欲念甚至没有任何欲念因此也没有任何悲伤除了他本希望敲钟声停止哭声也停止却遗憾它们并没有停止。(CSP,第263页)

就在贝克特去世前一个月,柏林墙倒了,他早就预料到了这一点。那时,在新世界秩序里,贝克特的特殊角落是老人之家——Le Tiers Temps。他似乎极度焦虑,没有和乐观主义者一起欢呼雀跃,甚至没有任何庆祝。在房间里看了一些柏林的电视镜头后,"他显得非常激动",并冲着导演耶南德夫人(Madame Jernand)呼喊:"这太快了(*Ça va trop vite*)。"[1] 这是一个光辉的时刻。如果把贝克特的"激动"简单归咎于放松神经后的衰弱,这等于贬低了他。他始终保持一种睿智而清醒的态度,不相信任何方案能"像吹蜡烛一样匆匆解决问题"[2](*DI*,第92页)。"太快了"

---

[1] 参见 Anthony Cronin, *Samuel Beckett: The Last Modernist* (London, 1996), p. 591.

[2] 贝克特对于其他"简单解决方案"的不屑,可参见 Dr Hans Joachim Schaefer, "Memories of a Meeting with Beckett and his Wife",1989 年 11 月 16 日贝克特致戈特弗里德·布特纳(Gottfried Büttner)的信,引自 James Knowlson, *Damned to Fame: The Life of Samuel Beckett* (London, 1996), p. 477.

是他的劝告之一，正如 1930 年对爱尔兰，及战后对法国和世界做出的劝告。

"他们用他们的礼服把我压垮，在狂欢节里用石头砸我"（*TR*，第 327 页）：在戈尔巴乔夫将胜利拱手让与西方的生活方式后，贝克特没能亲眼见证大多数事态的发展。冷战结束后（至少到 2008 年为止），在凯旋之都的幸福狂欢里，在其香槟文化里，贝克特式视角少之又少。很难想象他能适应其中。真不能想象吗？在无法称呼的人的言语里，其反讽意味需要非常微妙地去判断。作为一个自称一辈子深深呼吸失败之强烈气息的作家，贝克特几乎不懂得自我满足。正如库切（J. M. Coetzee）评价奈保尔（Naipaul）时所言，在这个"斋戒气质越来越无立足之地"的现代社会，他是一个斋戒之人，而非欢宴之人。[1] 但随着年龄渐长，贝克特的生活方式变得与战后欧洲富裕中产的标准并无二致。诚然，他在 1958 年曾告诉巴尼·罗塞特，他想"停止这该死的势头（*élan acquis*），重新回到一切的山脚，那些更严肃阴郁的山脚"。他发现自己"陷入职业主义和自我剥削的困境"[2]，并为之担忧。

但在许多方面，他对自己成功的"礼服"即使感到不舒服，也至少表现得镇定自若。事实上，贝克特极其厌恶

---

[1] J. M. Coetzee, *Inner Workings: Literary Essays 2000—2005*, intro. Derek Attridge (London, 2008), p. 289.
[2] 贝克特于 1958 年 11 月 23 日致巴尼·罗塞特的信；引自 Cronin, *Samuel Beckett*, p. 476.

名流，他躲避宣传，拒绝大部分授予他的荣誉学位，连1969年获诺贝尔文学奖，他都没有出席。他似乎就是福山所谓的"最后的人"，缺乏意气（*thymos*），缺乏赢得认可的意愿，更注重不引人注意的自我保护。诺尔森充分解释了晚年贝克特在多大程度上陷入或顺从了战后资产阶级职业人士的传统，甚至顺从了呆板的生活方式。他有两处住宅，一个在城市，一个在乡村，他曾与友人讨论往返两地的计划，曾为住宅附近土地的建筑权与人发生争执。他被信件压得喘不过气来，不停赴会，坐着喷气式飞机，为合同争论不休。在快速消费的20世纪50年代，他也扫购了常见的战利品，即汽车、电视和电话，有分别使用的工作电话和私人电话。他在于西的花园里种树，操持自家草坪，常常散步消遣，收听收音机里的体育比赛和古典音乐会。他最终迎娶苏桑娜，但两人渐行渐远，他还曾有外遇。他开始挑剔食物和饮品，并担心自己体温过高、烟酒成瘾。他有时会被匆忙和烦扰弄得筋疲力尽，越来越出于健康考虑而去阳光明媚的地方休闲度假。

一切正如他对《戏剧》（*Play*）的评价："平庸的历史。"[1] 这部作品以独特风格讲述了现代生活，或讲述现代通奸。然而，晚年贝克特有两个关键方面与别人对他的描述不符。第一个自然是他的晚年写作。贝克特的晚年作品

---

[1] 贝克特于1962年4月30日致劳伦斯·哈维的卡片；引自 Knowlson, *Damned to Fame*, p. 498.

探索了超越中产阶级寻常视野的经验和情感领域,并提出一个"最后的男人(和女人)"的概念,但与福山的论题大不相同。另一方面是他对金钱和财产的态度。在伦敦期间,贝克特曾借钱给麦格里维,并告诉他"永远别提债务和借款,也休提我们之间所有其他的恩怨情仇(*entre ennemis*)。它在就在,不在就不在,够了(*basta*)"[1]。这能反映他的个性,他就是这么一个令人敬佩、不拘小节、丰富高产,且慷慨到让人震惊的人。他自发地给予,从来不念想回报,似乎丝毫不在意马克思所说的"交换价值",也不在乎笔下莫菲所想的交易(*quid pro quo*)规则。这正是他与他同时代高师人的共同特点,他们铭记着不顾自我的高师准则。例如,萨特几乎不关心,甚至毫不在乎物质享受,没有银行账户,一生散财济友。[2]

因此艾瑟娜·麦卡锡病倒时,贝克特"倾其所有"去帮她。[3] 他还免除了里克·克卢奇制作《终局》的所有费用,接济克卢奇及其家人。他把自己收藏且钟爱的杰克·叶芝(Jack Yeats)的画作送给杰克·麦高恩,为朋友海登一家付税,在杰克·麦高恩去世后资助其家人,并把钱存入让-马里·塞罗(Jean-Marie Serreau)孩子的信托基金,

---

[1] 贝克特于1934年8月28日致托马斯·麦格里维的信;引自Knowlson, *Damned to Fame*, p. 175.
[2] Ronald Hayman, *Writing Against: A Biography of Sartre* (London, 1986), pp. 58, 76—77, 123.
[3] 贝克特于1957年12月11日至利文撒尔的信;引自Knowlson, *Damned to Fame*, p. 442.

尽管他个人并不喜欢塞罗。几年前他曾在德国结识阿诺德·麦克劳伊茨（Arnold Mrowietz），一个排斥他的兼职裁缝，贝克特却仍向他订购了一套西装。他资助寂寂无名的年轻作家让·德梅利耶（Jean Demélier），并给他置办了"一整套行头"[1]。他经常给慈善机构和亲戚捐款，为朋友的假期付账。他捐出自己的诺贝尔奖金［给一些不错的对象，如约翰逊（B. S. Johnson）和杜娜·巴恩斯（Djuna Barnes）］。他本人"对任何奢侈品或陈设物都不感兴趣"[2]，他在于西的公寓和房子都布置得像斯巴达一样简单，对停车罚款也不在乎。克罗宁曾讲述一个关于贝克特的故事，两名都柏林国家美术馆的搬运工人想去巴黎度假，贝克特帮了他们［带他们周游巴黎，从卢浮宫一路逛到蒙帕纳斯（Montparnasse）的妓院］。[3] 有一个故事特别能说明贝克特视"恩怨情仇"如过眼云烟，故事来自克劳德·贾梅特（Claude Jamet）的记述：某晚，在蒙帕纳斯的一家酒吧，一个流浪汉走近贝克特，称赞他身上穿的夹克好，贝克特马上脱下夹克衫，送给了流浪汉，"甚至没有掏空口袋"。[4]

把贝克特的肆意挥霍与他的极简主义，以及他艺术中

---

1 Cronin, *Samuel Beckett*, p. 510.
2 Knowlson, *Damned to Fame*, p. 388.
3 参见 Cronin, *Samuel Beckett*, p. 591.
4 Knowlson, *Damned to Fame*, p. 408. 诺尔森引用了1991年7月3日对克劳德·贾梅特的采访。

任性的自我穷尽放在一起，似乎可以合乎逻辑地得出这样的结论：他的美学是平衡的，甚至是平等的。毕竟，他在很多方面都强调"无"的事实和重要性（*DI*，第143页）。他声称"自己的路就是穷困潦倒"，甚至"想让自己更穷"。[1] 他说，他梦想着"一种对不可克服的贫困贫乏毫无怨恨的艺术"（*DI*，第141页）。但苦恼的是，他似乎对平等主义者本身不屑一顾，以他在《终局》里对政治煽动者的讽刺性描述为例：

> 他吼得震天响，话语片段都钻进了我的耳朵里。联盟……兄弟……马克思……资本……面包和黄油……爱。这对我来说太像天书（Greek）了。（*CSP*，第94页）

叙述者还补充说"他相貌不错，有点红润"（*CSP*，第95页）；但是这种唐突的喜爱几乎无助于尊重这个人的观点。贝克特故意引用"马克斯·科克浴垫厂"（*MU*，第46页），他在伦敦时注意到这个厂并写进《莫菲》一书，给人留下一种脱离政治激进主义的印象，近乎轻率，甚至带有嘲讽。

更值得探究的是，史蒂文·康纳表明，从经济学角度解读贝克特的困难在于，在贝氏著作里，少即是多。从表面看，贝克特的"贫困诗学"反映了一种决心，"不仅抵制

---

[1] 1989年10月27日的诺尔森访谈；参见 *Damned to Fame*, p. 352; and Ludovic Janvier, *Samuel Beckett par lui-même* (Paris, 1969), (p. 18).

商品和市场的价值，而且抵制价值本身的价值"。然而遗憾的是，否定性本身继而不知不觉地蜕变成为"各式各样的肯定价值"[1]。出版社、表演艺术机构、学术界和批评界都不断将贝克特的极简主义转化为利润，贝克特已成为文坛最大、最具特色的跨国产业之一。此外，以《向着更糟去呀》(*Worstward Ho*) 为例，康纳解释了贝克特本人如何认识恢复这个问题，如何戏剧化地探讨生存可逆的必要性，这种可逆不仅包括价值可逆，而且包括非价值转化为价值的可逆，资源减少转化为资源增长的可逆。

康纳的论点无可争议，尤其是他认为《向着更糟去呀》探索了一种方式，在这种方式中，如果双重约束没被取消，就可能遭到抵制。与其在同一根紧绷的钢丝上摇摆不定，我建议倒不如在等式中引入另一个元素，即使不能减轻康纳所坚持的讽刺意味，也能使其束缚松松绑。如果我们从金钱转向围绕晚期贝克特的文化精髓——消费主义，这一点就能得到最好证明。任何了解贝克特的人都不会想到，他的作品会大量引用消费品。在这方面，他的作品似乎在美学光谱上与布莱特·伊斯顿·埃利斯（Bret Easton Ellis）的《美国精神病》(*American Psycho*) 形成了对立的两极，从而表现出超越历史细节的严肃态度；尽管贝克特去世两年后，埃利斯的这本书才面世，但它属于与贝克特截然不

---

[1] Steven Connor, "Absolute Rubbish: Cultural Economies of Loss in Freud, Bataille and Beckett", in *Theory and Cultural Value* (Oxford, 1992), pp. 57—101 (p. 80).

同的另一个世界，也是贝克特时代终结的另一个标志。

贝克特的许多作品都包含了一两个品牌名称。更值得注意的是，这些有争议的消费品对叙述者或相关人物来说非常重要，甚至非常珍贵。例如在《等待戈多》里，波卓为丢了"卡普和彼得森（Kapp and Peterson）"而感到沮丧（CDW，第35页）。波卓指的是都柏林一家烟斗制造商，但有意思的是，这使他看起来比其他地方更像爱尔兰人了。在《莫洛伊》里，莫朗祝贺自己"像往常一样庆贺我那威尔顿（Wilton）地毯的弹性"（TR，第109页）。贝克特知道威尔顿地毯经久耐用，长期以来，人们将它与耐磨挂钩，它也以此推广。无法称呼的人提到涂抹"艾里曼擦剂（Elliman's Embrocation）"（TR，第323页），尽管这个当代著名药物能治疗各种身体疼痛，但对一些少见的病痛，比如缺胳膊少腿，并无奇效。在《终局》里，克劳夫通过给纳格"斯普拉特牌正宗饼干（Spratt's medium）"（CDW，第97页），把他当动物（因为斯普拉特是英国一个流行的狗饼干），且当作一种相当高雅的动物（因为斯普拉特最初颇受英国乡村贵族的欢迎）。巧合的是，斯普拉特当时也濒临自己的终局，在该剧上映后不久就倒闭了。

在贝克特提到的一些产品里，似乎存在着一种对于阶级的自命不凡，或者至少存在一种上流阶级的自负感。他的叙述者和人物经常谈论最单调的消费品，说得好像在品尝异国美食，或在灯光摇曳中轻举红酒。还有其他方面的自得，例如，当莫菲和提克彭尼（Ticklepenny）思考如何让莫菲的阁楼暖和起来时，讲述者好像突然间变成了一个取暖专家，他插话说，"真奇怪，他俩都没有想到燃油炉，比如小型勇美（Valor Perfection）"（*MU*，第94页）。鉴赏家和专家们都对贝克特最具消费主义色彩的典故津津乐道：在《莫洛伊》里，莫朗决定"弄一盒保温毛绒，外包装上有个可爱的小恶魔"（*TR*，第139页）。保温毛绒可以保暖，益于治疗咳嗽、风湿、胸痛和侧身疼痛。这里提到的

莱昂纳托·卡佩罗为保温毛绒广告画的"美丽的恶魔"。

恶魔,也将产品特别指向了法国的保温毛绒,而非比切姆(Beecham)的保温毛绒。贝克特的品位无懈可击:商标上的恶魔的确可爱,有两条纤纤长腿。莱昂纳托·卡佩罗(Leonetto Cappiello)是这个恶魔的创造者,因画新颖、漂亮的广告海报而出名,在20世纪40年代成为行业标杆。

卡佩罗的恶魔如此可爱,不仅出现在贝克特的这一部作品里,而且在另两部伟大的战后小说里都占有一席之地。例如,乔治·佩雷克(George Perec)的《人生拼图版》(*Life, A User's Manual*)也提到"印有卡佩罗画的喷火恶魔的保温毛绒盒"。[1] 但是这一形容使得恶魔图看上去更凶恶,不那么性感,也缺乏莫朗的敏锐洞察力。在贝克特笔下,连怪人、流浪汉和穷困潦倒者对消费品都非常挑剔。虽然他们在生活其他方面不修边幅,或粗野或绝望,但谈论消费品时,他们就像一丝不苟的美学家,二者形成鲜明的对比。如果说商品仅偶尔出现在贝克特的作品里,那是因为他笔下的叙述者和人物喜欢传递这样的印象:对这些商品可要可不要,贝克特本人偶尔也会摆出这种极具个人风格的高傲姿态。又如在《莫洛伊》里,莫朗和加贝尔喝的是华伦斯坦啤酒(Wallenstein's lager)。这听起来很像真正的啤酒品牌,但即使贝克特在《德国日记》里对德国啤酒如数家珍,却从未提过华伦斯坦。这并不奇怪,因为世

---

[1] George Perec, *Life: A User's Manual*, trans. David Bellos (London, 1987), p. 61.

界上根本就没有华伦斯坦这个牌子的啤酒。贝克特从席勒三部曲"华伦斯坦"（*Wallenstein*）中选中这个词，三部曲中最重要的一部叫作 *Wallensteins Lager*，意思就是"华伦斯坦的军营"。[1]

贝克特穿插的消费品总是很有趣，它们有点像（《德国日记》里）他自己所说的"对荒谬事实的精确陈述"[2]。但其中的讽刺意味绝不是无足轻重的。一方面，这些典故暗示着，他对自己亲历的历史世界抱有一种有限却必要的归顺：诚如莫洛伊那句公道话，即"你不能永远买同样的东西……除了在平静中腐烂，还需要点别的"（*TR*，第75页）。甚至，贝克特还曾想融合冥想和商业实践："如果我长久地称冥想为生活，那么我最终会信仰它。那就是广告的原理。"（*TR*，第53页）当然，这是一个荒诞的想法，就和无法称呼的人的假设一样，可能在"廉价销售的迷恋与喧嚣"里感到窒息（*TR*，第294页）。尽管如此，在这三种情况下，人物是以讽刺语气承认其历史处境。另一方面，从莫菲开始，贝克特笔下的人物即使在最危险的困境中，也仍然表现出一种与现实背离（或反常）的贵族傲气（*hauteur*），无论多么贫穷，都抗拒重视商业世界。无论一

---

[1] Lager 是双关语，德语中有"营地"的意思，英语中有"啤酒"之意。——译者注

[2] *GD*, 5.11.36; 引自 Mark Nixon, "'Writing': Die Bedeutung der Deutschlandreise 1936—1937 für Becketts Schriftstellerische Entwicklung", in *Obergeschoss Still Closed-Samuel Beckett in Berlin*, ed. Lutz Dittrich, Carola Veit and Ernest Wichner, Texte aus dem Literaturhaus Berlin, Band 16 (Berlin, 2006), pp. 103—122 (p. 108).

个人孤独多深,或争议多深,他都不会沉沦到一定境地。

莫菲引用阿诺德·海林克斯(Arnold Geulincx)的话说:"在你一文不值之处,你该一无所求(*Ubi nihil vales, ibi nihil velis*)。"(*MU*,第101页)时而消费品也符合贝克特人物的风格,并取悦他们。但在海林克斯的意义上,那些人物并不想要它们,他们既不渴望,也不贪得无厌地追求。无法称呼的人追问:"至于东西,对待东西的正确态度是什么?首先,那些东西是必要的吗?"严格说来,并非必要:"如果一个东西是出于某种原因才出现,那就考虑它。"但最后,"有物之人,无物之人,无人之物,这些都有何关系呢"(*TR*,第294页)。当它在就在,当它不在就不在:贝克特非常清楚,发达资本文化不能够表述整体情况,就像现金不可能留在手上。正因确信这种文化的偶然性和历史性,他才对其不屑一顾。他和他笔下的人物给人的印象都超然物外;对资本主义规则超然,对反资本主义政治也超然,对生活和艺术更是如此。莫洛伊的最后一句话说:"莫洛伊可以待在,他所在之处。"(*TR*,第91页)贝克特自然也意识到了这一点。他把发达的资本文化描述为他的所在之处,就像一个流浪者,一天晚上迷失在一个并非没有特色,却也无甚新意的高原上。

然而,与贝克特早期的作品相比,这一点在他20世纪80年代的作品里显得并不那么真实。当资本宣布即将胜利,贝克特却与它保持更远的距离。当资本号称塞满每一个空间，充实每一份空白，贝克特的作品却越来越坚持把世界清空，越来越如梦如幻，魅影重重。这十年来，许多主流话语都极其丑陋且武断，贝克特的作品却充满了细腻、深刻的温柔，"耐心地等待时间、悲伤和自我真正终结"（CSP，第261页）。《俄亥俄即兴作》（*Ohio Impromptu*，1981）、《看不清道不明》（*Ill Seen Ill Said*，1982）、《夜与梦》（*Nacht und TRäume*，1984）、《静止的微动》（*Stirrings Still*，1988），这些作品都是贝克特艺术实践的成果，从1976年的"……云……"（"... but the clouds ..."）开始，它们仍扎根于熟悉的贝克特式彷徨，正如《静止的微动》里的人物：

> 听天由命，不知自己从何而来，如何而来，去往哪里，也不知如何返回。（CSP，第263页）

但这种彷徨的基调与他早期作品里的类似情况也略有不同。在贝氏最后几部作品里，"不知道"不仅是个人的凄凉，也是他人无法解脱的悲伤。在《德国日记》里，他劝自己要温柔（*Zärtlichkeit*），不要激烈（*Leidenschaft*）（GD，4.1.37），他在一定程度上履行了自己近五十年前许下的承诺。

这一切不易实现。但怜悯的声音愈加强烈，它必须通过其他更熟悉的贝克特式习语来表达。因此在《看不清道不明》里，贝克特时常与语言、语言贫乏、语言不足较劲：

"重新说——这个词是什么？哪个词用错了？"自我敲裂，自我解决：

> 敲进荒漠里的细节里，眼泪盈眶。在智慧的尽头，想象力展开悲伤之翼……眼泪盈眶。最后，她门前的石板，因微小之力，寸寸刻痕。眼泪盈眶。（*IS*，第17页）

"他说出了那个亲切的名字"：
2006年，伦敦，巴比肯剧院，《俄亥俄即兴作》。

同时，几乎是第一次，贝克特的作品里出现了在痛苦中得到安慰的形象。在默剧《夜与梦》里，两只手出现，不停地给一个痛苦孤独的人倒水，擦拭他的额头，并轻轻地靠在他的头上，仿佛祈祷。最令人难忘的是《俄亥俄即兴作》里讲述的一个男人的故事，他失去一张"亲切的脸庞"，离开了两厢厮守的地方；当他意识到自己无法再回去时，为时已晚，因为"他自己做过的那些事情已经无法挽回"

（*CDW*，第 446 页）。在这种绝境中，"过去对黑夜的恐惧"又再次攫住他的心头。然后救援降临：

> 一天晚上，当他双手抱头，从头到脚不停颤抖的时候，一个男人出现在他面前，对他说，我被派来安慰你——这时他说出了那个亲切的名字。然后，他从黑色长大衣的口袋里掏出一本旧书，坐下来读，一直读到天蒙亮。最后一言不发地消失了。（*CDW*，第 447 页）

像以往一样，贝克特总在人物讲话时设置障碍。即使在这一小段独白里，语气中也不免隐伏着一种矛盾情绪（特别是"双手抱头"和"从头到脚"）。这出戏的气氛几乎在贝氏疏离手法的重压下崩溃（这个故事无人扮演，由一个人讲给另一个人听。听者反复敲击桌子停顿。两人外形古怪又相似，长长的黑大衣和长长的白头发）。然而，一种特别慰藉的语言在黑暗中熠熠生辉，力量与忧郁同在：

> 因此，当最后一次讲起这个悲伤的故事，他们就像石头一样定坐在那儿。从唯一的窗户望出去，拂晓没有一丝光亮。街上也没有传来苏醒的声音。或者，这一切都被深藏在无人留意的想法深处？留意日光。留意苏醒的声音。谁知道有什么想法。思想，不，不是思想。是头脑的深处。埋没在只有天知道的头脑深处。无知的深处。没有光可以照进的深处。也没有声

音。于是定坐在那儿，仿佛变成了石头。最后一次讲述那个悲惨故事。(*CDW*，第448页)

晚年的贝克特时不时地将一种新的世俗的生命注入概念，正如他最后几部作品告诉我们的那样。这个概念实际上已经变得难以表达：悲悯（misericordia）。

难以想象《俄亥俄即兴作》涉及消费文化。但贝克特晚期作品中所表现的对财产的态度，仍然是他早期态度的延伸或极端版本。金钱和消费品偶尔出现在贝克特的作品里，就像动物、蔬菜和哲学家一样；偶尔也会被珍藏起来，或偶尔以同样的方式被忽略。这一点指向两个方向。即使贝克特满足于他"正好所处"的发达资本文化，不论满足程度多低、共谋程度如何，他也仍然为这个占时代主导地位的意识形态开辟了一个新的思考空间。西蒙·克里奇利（Simon Critchley）写贝克特是"脆弱的救世主力量"时，所表达的就是这个意思。[1] 贝克特否定可疑的肯定性，其态度一丝不苟且无人可及。他坚持拒绝与"一切现存的卑鄙行径和破坏性原则"[2]（阿多诺语）合谋。因此，他选择了一条否定之路（*a via negativa*）。如果"思考的任务是打

---

[1] Simon Critchley, *Very Little ... Almost Nothing: Death, Philosophy, Literature* (London, 1997), p. 22.
[2] Theodor Adorno, *Negative Dialectics*, trans. E. B. Ashton (New York, 1973), p. 381; 引自 *Very Little ... Almost Nothing*, p. 24.

开事物本来的样子与事物可能的样子之间最细微的差别"[1]，那么贝克特极为出色地完成了这个任务。正如康纳评价《向着更糟去呀》时称，贝克特不会放弃另一个领域或另一种价值的可能性，无论其形式多么荒谬，多么微不足道，或多么否定。这个否定空间就是艺术的空间，或更确切地说，贝克特保留否定空间，将其作为艺术任务的一部分。

因此，贝克特的历史人生，即使像这本书一样微缩，逻辑上也需要补充一个后记，将焦点从内而外地转向人类生活的特殊的历史形式。这正是本书最后一章的任务。

---

[1] Theodor Adorno, *Negative Dialectics*, trans. E. B. Ashton (New York, 1973), p. 381; 引自 *Very Little ... Almost Nothing*, p. 24.

后记：重新开始

当前知识界令人困惑。活力论、认知论、原教旨论；新诞生的和复活的神学；小而关键的实用论、先验论和民粹主义：所有这些思想都在当代市场上繁荣发展。然而对于当代消费者来说，这些选项和其他选项一样，可有可无。换言之，我们紧抓着它们，就像抓住海难后的碎片。活在"觉醒中"才重要。20世纪形成了一种复杂的历史概念和理解，闻所未闻，似乎与庄严的政治承诺有关，并在某种程度上实现了那些承诺。然而矛盾的是，这个历史决定论的世纪追求极其微妙的极端，结果造成深重的历史灾难。阿甘本认为，从这个悖论中解脱出来是一种妄想。不论是孤立恐怖行动中特定或局部的特征，还是通过治疗特殊"创伤"来净化我们对它的意识，都无法驱除上世纪的幽魂。这仅仅是复制（如果有更时兴的术语的话）贝克特所摒弃的那种欢快的进步主义。20世纪并没有过去，而是摆在我们面前，成为一道我们尚未学会思考的难题，更不用说解决这道难题。在这方面，文化可非常仔细地研究贝克特的"慢行"[1]

---

[1] 这个词来自史蒂文·康纳。参见"Slow Goin", *Yearbook of English Studies*, XXX (2000), pp. 153—165.

艺术。

在生活和艺术中,贝克特跨越大半个20世纪。就像其他1945年以来声名鹊起的伟大作家一样,如策兰(Celan)、库切、泽巴尔德(Sebald),贝克特被我所描述的这种悖论困扰。根据这个悖论,历史的证据在哲学上不可信,反之亦然。没有任何哲学逻辑能假设一个世界完全剥夺了更伟大的善,也剥夺了一种先验(*a priori*)和一个起始(*ab ovo*),除非已被历史证明。贝克特在一个日益晦暗的世界里写作,因为这个世界既不相信历史,也不相信任何超越历史的可能性。他显然被一种世俗的摩尼教吸引,这种哲学立场特别适合现代历史,近期法国哲学家们也时而倾向这种立场,如晚年萨特(在《辩证理性批判》中)、巴迪欧、雅姆贝(Jambet)和居伊·拉尔多(Guy Lardreau)。

贝克特经历、目睹了爱尔兰20世纪20年代的毁灭性剧变、英国帝国主义和重商主义的冷酷无情、德国国家社会主义的政治和文化暴力、法国维希政权之极其不公、法国第四共和国的锄奸行动和早期恶行、冷战的恐惧和西方资本主义的胜利(和自得)。他看到了他需要看到的一切,由此产生了一种厌恶历史的逻辑。他所认识的世界是历史的残余物,充满顽固不化、毫无启发的历史经验,像毫无出路的迷宫,或一个永远延伸的死胡同。当然,这种认识的根源是爱尔兰。爱尔兰的历史是一个七八百年的残酷殖民主义的历史。对于那些继承了殖民遗留问题的人来说,历史本身看起来就像一个迷宫,只有历经困难才能委身通过,不确定能从中得到什么解脱。乔伊斯笔下的斯蒂芬·迪达勒斯就是这样一个遗留问题的继承者。乔伊斯本人也是,不过方式有所不同。早期的贝克特与《尤利西斯》中的斯蒂芬出奇相似。但作为一个年轻的都柏林天主教知识分子,且这一群体的文化即将在爱尔兰崛起,斯蒂芬·迪达勒斯知道,历史是他的噩梦,他必须奋力从噩梦中醒来。而贝克特作为一个年轻的新教徒,他的文化正在垂死挣扎,他即将丧失此类文化知识和保障。至于行善,早在相信行善必要之前,贝克特及其阶层就已经丧失为过去赎罪的想法——不管这可能意味着什么。

因此贝克特只能从历史中抽象化,因为历史永远不会真正属于他。也因此,尽管他的作品缺乏历史的密度,却一再被认为确实关乎历史的经验。但是,如果历史对他来说始终只是一个抽象的概念,那么他也注定要把历史当作一个重担,永远挂在脖子上来承受。年轻的贝克特与乔伊斯笔下的英国人海恩斯(Haines)截然相反,斯蒂芬给海恩斯发了一封电报,梅瑞狄斯(Meredith)称:"感伤主义者就是那种既享受做某事,又不会因此招致巨大负累的人。"[1] 贝克特害怕多愁善感,对他来说新的一年只是"旧

---

[1] James Joyce, *Ulysses*, ed. Hans Walter Gabler, with Wolfhard Steppe and Claus Melchior, afterword by Michael Groden (New York and London, 1984, 1986), 9.550—551.

螺丝钉的一个新的转折"[1]。历史旋旋展开，似乎永无终局。这是本体论问题，即历史被贝克特所言的"存在的真正弱点"所阻碍。它具有惰性和无限分化的惯性，因此无力自救。贝克特还说："如果你认真思考灾难，那么你会无法忍受哪怕一丁点的修辞。"[2] 存在的弱点使语言在表达时窒息，使词语显得无用又多余（de trop）。

因此，此处我要强调的是，贝克特作品中有两个关键因素并存：忧郁（melancholia）和悲悯（misericordia）。忧郁来自弗拉基米尔"无事可做"的理念（这在一定程度上似乎是对于1902年重大政治问题的尖刻批判）。[3] 晚年的贝克特愈发喜欢说"无事可做"。然而……悲悯则是认为一个人不能对他人迷失在迷宫里的困境无动于衷。我没有多提贝克特及其作品的第三个因素，很大程度上是因为已有人强调过，那就是博爱（caritas），即仁慈待人。比起"好朋友"的概念，用博爱形容贝克特更贴切。从某种意义上说，贝克特是一个非常好的朋友，但如果友谊意味着亲密，他是否真正体验过亲密的友谊就很难说了；至少，别人对他本人的描述和对作品的描述大相径庭，由此看来，生

---

[1] 贝克特于1957年12月17日致巴尼·罗塞特的信；引自 James Knowlson, *Damned to Fame: The Life of Samuel Beckett* (London, 1996), p. 431.
[2] 劳伦斯·哈维与贝克特谈话的记录；引自 Knowlson, *Damned to Fame*, p. 492.
[3] *What is to be Done?* 这个观点得益于劳拉·索尔兹伯里（Laura Salisbury）：Laura Salisbury, "Beckett's Laughing Matters: Comedy, Time and Form in the Prose and Drama", PhD thesis, University of London, 2003, p. 43.

活的意义存在于不同的世界层面。在贝克特那儿,博爱正是忧郁和悲悯的表现,三者合一,强有力地表达出一种稀罕的容纳感。毫无疑问,贝克特对他人痛苦和危难极度敏感,芭芭拉·布雷曾形容贝克特"感觉过敏(hyperaesthetic)"[1]。

"悲悯":1961年的贝克特。

---

[1] 参见安东尼·克罗宁的访谈;引自 *Samuel Beckett: The Last Modernist* (London, 1996), p. 518,其中使用了"hyperaesthesia"一词。

三个词合一的问题在于，这可能使贝克特看上去像一个基督教的禁欲主义者，而他显然并不是。三者构成一个富有弹性的世俗思想结构里的一部分，但从阿兰·巴迪欧的意义和定义来看，贝克特确信事件发生的可能性，这是将他从纯粹禁欲主义、基督教或其他宗教，以及从世俗摩尼教中脱离出来的决定性因素。从哲学上讲，所谓事件是指第一次出现的偶然发生的事件，其出现不可预见，也不能用因果律来加以描述。从哥白尼宇宙观念转变，到法国大革命，从可重新定义普通生活的爱情，到毕加索的现代主义绘画实验，事件似乎是对既定事物的决定性突破，也是对人们先前所接纳世界的补充。尽管瞬息万变，但世界因事件而更新。除此之外，世界作为一个残余物而存在。残余物一词指删除了事件及其后果的历史。这就是《等待戈多》里弗拉基米尔和爱斯特拉贡居住的世界。

大部分贝克特研究的主流传统都倾向于将其直接定位在一个抽象层面，无论是哲学还是现代主义。他们认为抽象显然与贝克特的作品相称。但一种新实证主义近期注入贝克特研究领域，其中一些研究成果令人振奋。如果实证主义沿着历史的脉络发展，那么它在逻辑上不会得出贝克特反哲学的结论。相反，它会确切解释为何哲学思想或者类似的哲学活动，对于贝克特来说不可或缺。以哲学和理论为基础来阅读贝克特，通常会重复他作品的某一面，或将其落实到位，因其强调或拓展了贝克特对某种特权的主张,即主张与历史灾难相关的思辨。

但贝克特式的抽象思考有两种方式,一种是退出历史进程,一种是介入历史进程。玛乔丽·帕洛夫和帕斯卡莱·卡萨诺瓦(Pascale Casanova)都认为,贝克特的某种抽象概念(源于法国),在现代历史的冲浪式发展之前,就早已被一种轻率之举决定。战后不久就有一代法国知识分子写过关于贝克特的文章,如巴塔耶、莫里斯·纳多(Maurice Nadeau)、马尤(Jean-Jacques Mayoux)、布朗肖(Maurice Blanchot)。[1] 在这一点上,有必要将"帕克斯顿革命"全面纳入贝克特研究。对于法国近代史,知识分子以其不同的方式为之尴尬,甚至感到担忧。因此,不出所料他们既赋予一位非法国的法国作家(也是前抵抗运动者)特殊地位,同时也对他的文本进行了精简。就像戴高乐派一样,巴塔耶和布朗肖也关心如何割断与近代史的联系,因为他们对这段近代史感到不安。[2] 因此他们也热衷于不

---

1 参见 Marjorie Perloff, "'In Love with Hiding': Samuel Beckett's War", *Iowa Review*, XXXV/2 (2005), p. 77—78; Maurice Nadeau, review of *Molloy*, *Combat*, 12 April 1951, in *Samuel Beckett: The Critical Heritage*, ed. Lawrence Graver and Raymond Federman (London, 1979), pp. 50—54; Georges Bataille, review of *Molloy*, in *Critique*, 15 May 1951, in *Samuel Beckett*, ed. Graver and Federman, pp. 55—64; Jean-Jacques Mayoux, "Samuel Beckett and Universal Parody", in *Samuel Beckett: A Collection of Critical Essays*, ed. Martin Esslin (Englewood Cliffs, NJ, 1965), pp. 77—91; and Maurice Blanchot, *Le livre à venir* (Paris, 1959), pp. 308—315. 理解卡萨诺瓦关于布朗肖笔下贝克特的扣人心弦的论点,可参见 *Samuel Beckett: Anatomy of a Literary Revolution*, trans. Gregory Elliot, intro. Terry Eagleton (London, 2006), "Preface", pp. 10—13.
2 这不是巴塔耶对法西斯主义的(再)解读,也不是布朗肖对反犹期刊的献文。这两点在这里都不重要。我的观点很简单,不可否认两人在1945年之后都有理由感到某种不适,但在他们阅读贝克特的著作时,在评估其反历史的动力时,不应忘记这一点。

从历史的角度思考贝克特。

　　这种特殊的抽象模式被纳入并支撑贝克特研究中的某种传统，即后结构主义抽象传统，它起于法国，扩至英美。其结果是产生了大量引人入胜，有时甚至才华横溢的研究，但这些研究的抽象性仍然与世隔绝，严格来讲，它们视野所拘囿的学术环境反而完全是贝克特弃之不及的，即一再去论证贝克特研究里的非历史原则。巴迪欧的哲学将历史勾销，通过直接横切历史来实现这一点，从历史转型的有利角度来思考历史。他对事件的思考，实际上是为了顾全其他可能的历史，那些无法掌控的未来讲述的历史，那些提供给一无所有的人、居于"垃圾堆"上的人的历史。贝克特在《圣洛》中也表达了类似想法。巴迪欧赞同贝克特的双重主张：如果记录历史的普遍痕迹至关重要，那么否定它也至关重要。

　　巴迪欧认为事件发生的可能性很小。在这方面，虽然他的想法与当前思潮相悖，但对贝克特来说却是恰如其分。如果说事件的可能性在巴迪欧的哲学中很少见，在贝克特的作品里更是罕见，几乎无法察觉。贝克特被一种极其谨慎的信念束缚，认为思考事件极其困难，近代史也充分证实了他的这种困难。他献身于这一信念，因为他知道这个信念的逻辑专横难违。对于贝克特和巴迪欧来说，世界的"背后"毫无一物；没有任何东西规定，世界必须存在或保持原样；我们的所思和所知都毫无根据。因此，世界可以被更新地假设完全合乎逻辑、毫无争议。但历史不同，它到处充满争议。如果说贝克特作品里有一个固有的悖论，那这个悖论就是：困境显然没有出路，困境本身也毫无根据。人们可能无休止地等待戈多，戈多却可能永远不会出现，他的存在也毫无征兆。然而，我们也同样没有理由确定，世界秩序最终排除了他到来的可能。从某种意义上说，贝克特的整个事业是对历史的一种模仿，是对变革事件的无休止的阻碍。但具有讽刺意味的是，在《方庭》里，可能性的空间永远不可能完全关闭，因此计划发生逆转：贝克特越想扼杀事件的想法，实际上他就越将其保留，或证明其坚不可摧。这是一个深刻而又旋卷的推理，隐含在他的著名论断中，即他戏剧的关键词："也许（perhaps）"。[1]

利奥·贝尔萨尼（Leo Bersani）和于利斯·迪图瓦（Ulysse Dutoit）认为贝克特努力创造了一个"重新开始的方案"。虽然显得奇怪，但这个判断正确。[2] 贝克特试图注销世界的意旨，与他重新开始的方案是分不开的。贝克特声称"艺术喜爱突变"（*DI*，第 128 页）。他以此对抗莱布尼茨，因莱布尼茨在《自然无突变》（*natura non facit saltus*）中称，自然连续性原则令人沮丧却不可阻挡。贝克特本人也

---

[1] 参见 Tom F. Driver, "Beckett by the Madeleine" [interview], Columbia University Forum IV (Summer, 1961); repr. *Samuel Beckett*, ed. Graver and Federman, pp. 217—223 (p. 220).

[2] Leo Bersani and Ulysse Dutoit, *Arts of Impoverishment*; *Beckett*, *Rothko*, *Resnais* (Cambridge, MA, and London, 1993), p. 19.

有过类似主张,在《莫菲》开头,他写道"太阳照耀,别无他法,又覆于无甚新意的事物上"(*MU*,第5页)。但他认为艺术可以打破这个铁律,并成为打破铁律的典范。这就是为何贝克特声称,其作品"关于"世界消失[1],声称要"在新的维度中思考",并告诉查尔斯·朱丽叶(Charles Juliet),唯一肯定的就是"给尚未成形之物塑形"[2]。

维维安·梅西埃(Vivian Mercier)曾认为,贝克特觉得"整个人类实验就是一个失败品,绝不能再重复"[3]。贝克特的许多作品确实如是说。但这并不意味着他认为"人类实验"是迄今为止唯一的可能性,也不意味着他认为那是人类唯一的可能性。贝克特真正深恶痛绝的是回顾历史,因此他厌恶自然主义和现实主义美学,二者皆以回顾历史为基础。也因此,他看不上经验主义,他对根植于经验的知识概念兴味寥寥。他告诉劳伦斯·哈维,"[我的]作品不依赖经验,也不记录经验"[4]。在这方面,他的现代主义首先就与休谟的现代性对立:休谟在《人性论》第一卷第三

---

[1] 这是马丁·艾斯林(Martin Esslin)的观点。参见 Knowlson, *Damned to Fame*, p. 605 and p. 817, n. 175.

[2] Dr Hans Joachim Schaefer, "Memories of a Meeting with Beckett and his Wife", 1989 年11月16日致戈特弗里德·布特纳的信,引自 Knowlson, *Damned to Fame*, p. 477; and Charles Juliet, *Rencontres avec Samuel Beckett* (Montpelier, 1986), p. 28.

[3] Vivian Mercier, *Beckett/Beckett* (New York, 1979), p. 121; 引自 Cronin, *Samuel Beckett*, p. 467.

[4] Knowlson, *Damned to Fame*, pp. 371–372. 诺尔森引用了贝克特对劳伦斯·哈维的一次未注明日期的采访。在诺尔森后来的引文版本中"依赖(depend)"和"记录(record)"这两个词被打上了斜体,但不清楚这是否是更准确的版本。参见 James Knowlson, "Samuel Beckett: The Intricate Web of Life and Work", *Journal of Beckett Studies*, XVI/1-2 (Fall 2006/Summer 2007), p. 17.

章中明确论述,如果知识仅仅来源于经验,那么这就严格定义了知识的一般局限性,并明确将知识的范围、过程、与世界的关系与那些(例如)预言性的、预见性的、推测性的(因此也是谴责性的)想象力区分开来。然而实际上,在这方面,贝克特是休谟后人,他在作品中传承了休谟开创的现代恐惧,休谟也曾使不少同代人感到恐惧。

然而,否定过去并不等于摆脱历史,实际上它面临着被历史再度打压的巨大风险。如果如我所说,贝克特的艺术是炼狱式的,替罪羊形象是其核心,那么这一切皆因他的艺术被卷入摆脱或消除历史的工作之中。因此在《圣洛》里,贝克特让"旧古老的心智"在"自身的浩劫中沉没",为"阴影"让道,迎接其尚未诞生的"光明之路"(*CP*,第32页)。然而,即使贝克特试图销毁古老的心智,他也在一定程度上将古老的心智认定成了自己的思想。因此,他是在为他人铺路。近期越来越多关于贝克特的技巧、文本性或身体的论述,无论多么妙笔生花,其兴发处之所以成为可能,都是因为贝克特的作品与他们关注的其他作品都不一样。如乔伊斯,贝克特也假设一个"神圣裁判所":"我将给我自己/这个名字,净化-赎罪"。贝克特的作品在一定程度上像一个历史的管道,疏泄了乔伊斯所说的阻碍他人梦想的"污秽之流"[1]。

---

[1] James Joyce, "The Holy Office", in *Critical Writings*, ed. Ellsworth Mason and Richard Ellmann (London, 1959), pp. 149, 151.

正如贯彻一生所展现的，贝克特的艺术随着盛衰变迁、所处的历史情境而扭转改变。同时，他也表现出极强的韧性和坚定的目标，他称之为"对折中和虚饰的厌恶"[1]。他以不同的方式表现这种厌恶，既表现在他为抵抗运动和爱尔兰红十字会所做的工作，和他对亲友的强烈的责任感里，也表现在他那惊人的专注力上。甚至，在他骑自行车这件事上也有明显的表现，"像我父亲一样，用最低档气喘吁吁地骑上山，决不放弃"[2]。最重要的是，这表现在他对艺术的态度上：他与审查制度搏斗；做导演时，他对剧本的要求高到甚至连男女演员都受不了；如果有人要求他牺牲自己或者作品的完整性，哪怕此人是导演、制片、出版商或颁奖人，他都直截了当、毫不含糊地拒绝。

在本书的各个章节里，关于巴黎高师的一章格外不同，它没有把贝克特与一系列多少令人不安的历史环境联系起来，而是将他与一个有利的历史环境相连。高师人一再证明，他们对贝克特所意识到的精神和世界的流动性有着敏锐把握。但他们也指出，正反共存，在某一时刻，即使只是特殊时刻，确定无限衰退的限度至关重要。这不奇怪，因为高师人在自己的作品里也反复强调这一点，正如人们所期望，一个机构既能培养布尔巴基、洛特芒（法国数学

---

[1] 贝克特于 1956 年 1 月 11 日致艾伦·施奈德的信；引自 Knowlson, *Damned to Fame*, p. 420.
[2] 贝克特于 1955 年 2 月 23 日致帕梅拉·米切尔的信；引自 Knowlson, *Damned to Fame*, p. 405.

哲学家),也能培养出吕西安·赫尔。通过一种矛盾扭转的逻辑,绝对的不确定性和普鲁斯特之"花岗岩尖"的必要性,成为一枚硬币的正反两面。在世界不确定性流动的某一时刻,一个人选择坚定不移、毫不动摇,是因为除此之外并没有任何法令能规定在任何时刻都非此不可。正如瓦茨拉夫·哈维尔所说,贝克特明白,如果一个人并非"对事物的发展漠不关心",那么他就不得不将"痛苦的意义"强加在自己身上。[1]

"一个浪漫主义降调(bémolisé),平缓,犹如B调变为降B调":卡斯帕·大卫·弗里德里希的《两人观月》(*Two Men Contemplating the Moon*)。

---

[1] 贝克特于1983年4月17日致贝克特的信;引自 Knowlson, *Damned to Fame*, p. 681.

贝克特的症结有明显的两面性。他对待浪漫主义极其严肃，用马修·阿诺德（Matthew Arnold）的话来说就是，艺术是对生活的一种批判。贝克特将浪漫主义文学化、激进化，毫不妥协且自始至终地追求它，远远超过阿诺德的设想，直到几乎变成一种拙劣的模仿。他使浪漫主义转变成为一种极端否定的美学，甚至是充满暴力的美学。他还粗暴剥夺浪漫主义自我满足的高贵和人文尊严，浪漫主义者及其后继者则一直被这些尊严所束缚。在《德国日记》里，他一度指出，对我们来说，"尚可容忍"的浪漫主义，应像卡斯帕·大卫·弗里德里希的降调（bémolisé）一样平缓，犹如 B 调变为降 B 调（GD，14.2.37）。[1] 同时，他坚持将浪漫主义和后浪漫主义的信念变得激进化，且去其神秘化，那些信念相信世俗的恩典、时机、经历、机遇、顿悟或轨迹皆有可能，并且这种可能性会改变人们对生命的理解。如果说贝克特使这一信念变得困难且不可持续，那可能就太轻描淡写了。这一信念在他的作品中到处闪现，在我们最意想不到的地方闪现，比如在《向着更糟去呀》中，就突然出现一个在浪漫主义话语里颇具特殊分量的词——欢乐：

---

[1] 引自 Knowlson, *Damned to Fame*, p. 254. 对卡斯帕·大卫·弗里德里希的"平缓的"浪漫主义可从事件的角度来思考，并参照他在 19 世纪第二个十年的政治经验和倾向。参见 Werner Hoffman, *Caspar David Friedrich* (London, 2007), pp. 85—99.

> 没有思想和语言？即使只有这些词。也足够了。足以让人欢乐。欢乐！仅有这些也足够令人欢乐。这些而已！
>
> (WH，第29页)

在贝氏这部作品的整体语境里，叙述者似乎对"欢乐"一词的出现感到困惑。但这一时刻的出现，内在原因是贝克特式失败与无能，因为尽管每个时代都在大力推动终结历史的工具，但无论是强子对撞机、种族科学、经济主义、无产阶级胜利、帝国霸业、上帝，还是基因，这些全都无法阻止历史间歇性地，或者突如其来地给人们带来意外的惊喜；也根本不可能完全抑制人们对其做出反应。

附录
精选参考书目

贝克特作品

'Dante ... Bruno. Vico ... Joyce', in *Our Exagmination round His Factification for Incamination of Work in Progress* (Paris, 1929)

Proust (London, 1931)

More Pricks than Kicks [1934] (London, 1973)

Murphy [1938] (London, 1963)

Molloy (Paris, 1951) *Malone meurt* (Paris, 1951) *L'Innommable* (Paris, 1951)

Nouvelles et textes pour rien (Paris, 1951)

En attendant Godot: Pièce en deux actes, ed. Colin Duckworth, foreword Harold Hobson [1952] (Walton-on-Thames, 1985)

Watt [1953] (London, 1963)

Trilogy: Molloy, Malone Dies, The Unnamable [1959] (*Molloy* trans. the author in collaboration with Patrick Bowles, *Malone Dies* and *The Unnamable* trans. the author; London, 1994)

Comment c'est (Paris, 1961) *How It Is* (London, 1964) *Assez* (Paris, 1966)

Sans (Paris, 1969)

Mercier et Camier (Paris, 1970)

Têtes-Mortes (Paris, 1972)

Mercier and Camier (London, 1974)
Company (London, 1979)
Ill Seen Ill Said (London, 1981)
Mal vu mal dit (Paris, 1981)

Disjecta: Miscellaneous Writings and a Dramatic Fragment, ed. with a foreword Ruby Cohn (London, 1983)
Worstward Ho (London, 1983)
Collected Poems 1930—1978 (London, 1986)
Stirrings Still, illustrations by Louis Le Brocquy (London, 1988)
The Complete Dramatic Works (London, 1990) *Cap au pire*, trans. Edith Fournier (Paris, 1991) *Dream of Fair to Middling Women* (Dublin, 1992)
Theatrical Notebooks, general ed. James Knowlson, vol. ii, *Endgame*, ed. with intro. and notes S. E. Gontarski (London, 1992)
Theatrical Notebooks, vol. III, *Krapp's Last Tape*, ed. with intro. and notes James Knowlson (London, 1992)
Theatrical Notebooks, vol. I, *Waiting for Godot*, ed. with intro. and notes Dougald MacMillan and James Knowlson (London, 1993)
The Complete Shorter Prose 1929—1989, ed. with intro. and notes S. E. Gontarski (New York, 1995)
Eleuthéria, trans. Michael Brodsky, with a foreword Martin Garbus and intro. S. E. Gontarski (New York, 1995)
Theatrical Notebooks, vol. IV: *The Shorter Plays*, ed. with intro. and notes S. E. Gontarski (London and New York, 1999) .

传记

Bair, Deirdre, *Samuel Beckett: A Biography* (London, 1990)
Cronin, Anthony, *Samuel Beckett: The Last Modernist* (London, 1996) Gordon, Lois, *The World of Samuel Beckett 1906—1946* (New Haven and London, 1996)
Knowlson, James, *Damned to Fame: The Life of Samuel Beckett* (London, 1996)

—, 'Samuel Beckett: The Intricate Web of Life and Work', *Journal of Beckett Studies*, xvi/1 - 2 (Fall 2006/Summer 2007), pp. 17—29

Nixon, Mark, 'Becketts *German Diaries* der Deutschlandreise 1936—1937: Eine Einführung zur Chronik' and 'Chronik der Deutschlandsreise Becketts 1936—1937', in *Der Unbekannte Beckett: Samuel Beckett und die Deutsche Kultur*, ed. Marion Dieckmann-Fries and Therese Seidel (Frankfurtam Main, 2005), pp. 20—62

—, 'Gospel und Verbot: Beckett und Nazi Deutschland', in *Das Raubauge in der Stadt: Beckett Liest Hamburg*, ed. Michaela Giesing, Gaby Hartel and Carola Veit (Göttingen, 2007), pp. 79—88

Quadflieg, Roswitha, *Beckett Was Here: Hamburg im Tagebuch Samuel Becketts von 1936* (Hamburg, 2006)

专著

Abbott, H. Porter, *The Fiction of Samuel Beckett: Form and Effect* (Berkeley, CA, 1973)

—, *Beckett Writing Beckett: The Author in the Autograph* (Ithaca and London, 1996)

Acheson, James, *Samuel Beckett's Artistic Theory and Practice* (London, 1997)

—, and Kateryna Arthur, eds, *Beckett's Later Fiction and Drama*, with a foreword by Melvin J. Friedman (London, 1987)

Ackerley, C. J., *Demented Particulars: The Annotated 'Murphy'*, *Journal of Beckett Studies*, vii/1 - 2 (Autumn 1997, Spring 1998)

Addyman, David, 'Beckett and Place: The Lie of the Land', PhD thesis, University of London, 2008

Admussen, Richard, *The Samuel Beckett Manuscripts* (Boston, MA, 1979) Astier, Pierre, 'Beckett's *Ohio Impromptu*: A View from the Swans', *Modern Drama*, xxv/3 (1982), pp. 331—348

Badiou, Alain, *Samuel Beckett: L'Écriture du générique et l'amour*

(Paris, 1989)

—, *Beckett: L'increvable désir* (Paris, 1995)

—, *On Beckett*, trans. and intro. Nina Power and Alberto Toscano, with a preface by Alain Badiou and a postface by Andrew Gibson (Manchester, 2003)

Baker, Phil, *Beckett and the Mythology of Psychoanalysis* (London, 1997) Barnard, C. G., *Samuel Beckett: A New Approach* (London, 1970)

Begam, Richard, *Samuel Beckett and the End of Modernity* (Stanford, CA, 1996) Beja, Morris, S. E. Gontarski and Pierre Astier, eds, *Samuel Beckett: Humanistic Perspectives* (Columbus, OH, 1983)

Bernal, Olga, *Langage et fiction dans le roman de Beckett* (Paris, 1969) Bersani, Leo and Ulysse Dutoit, *Arts of Impoverishment: Beckett, Rothko, Resnais* (Cambridge, MA, and London, 1993)

Brater, Enoch, ed., *Beckett at 80: Beckett in Context* (Oxford, 1986)

—, *Beyond Minimalism: Beckett's Late Style in the Theatre* (Oxford, 1987)

Brienza, Susan D., *Samuel Beckett's New Worlds: Style in Metafiction* (Norman and London, 1987)

Bryden, Mary, *Women in Samuel Beckett's Prose and Drama: Her Own Other* (London, 1993)

—, *Samuel Beckett and the Idea of God* (Basingstoke, 1998)

Buning, Marius and Lois Oppenheim, eds, *Beckett in the 1990s* (Amsterdam and Atlanta, 1993)

—, Matthijs Engelberts, Sjef Houppermans and Danièle de Ruyter-Tognotti, eds, *Three Dialogues Revisited*, *Samuel Beckett Today/Aujourd'hui*, XIII (2003)

Butler, Lance St. John, *Samuel Beckett and the Meaning of Being: A Study in Ontological Parable* (London, 1985)

Casanova, Pascale, *Samuel Beckett: Anatomy of a Literary*

Revolution, trans.

Gregory Elliot, intro. Terry Eagleton (London, 2006)

Caselli, Daniela, *Beckett's Dantes: Intertextuality in the Fiction and Criticism* (Manchester, 2006)

Clément, Bruno, *L'Œuvre sans qualités: Rhétorique de Samuel Beckett* (Paris, 1994)

Coe, Richard, *Beckett* (Edinburgh and London, 1964)

Cohn, Ruby, *Samuel Beckett: The Comic Gamut* (New Brunswick, NJ, 1962)

—, *Back to Beckett* (Princeton, NJ, 1973)

Connor, Steven, *Samuel Beckett: Repetition, Theory and Text* (Oxford, 1988)

—, ed., *'Waiting for Godot' and 'Endgame'* (London, 1992)

—, 'Absolute Rubbish: Cultural Economies of Loss in Freud, Bataille and Beckett', in *Theory and Cultural Value* (Oxford, 1992), pp. 57—101

—, 'Slow Going', *Yearbook of English Studies*, xxx (2000), pp. 153—165

Critchley, Simon, *Very Little ... Almost Nothing: Death, Philosophy, Literature* (London, 1997)

Dearlove, Judith, *Accommodating the Chaos: Samuel Beckett's Nonrelational Art* (Durham, NC, 1982)

Driver, Tom F., 'Beckett by the Madeleine' [interview], Columbia University Forum IV (Summer, 1961); repr. *Samuel Beckett*, ed. Graver and Federman, pp. 217—223

Engelberts, Matthijs, Sjef Houppermans, Yann Mével and Michèle Touret, eds, *L'Affect dans l'œuvre Beckettienne*, Samuel Beckett Today/Aujourd'hui, x (2000)

Esslin, Martin, *The Theatre of the Absurd* (Harmondsworth, 1968)

Federman, Raymond, *Journey to Chaos: Samuel Beckett's Early Fiction* (Berkeley and Los Angeles, 1970)

Feldman, Matthew, *Beckett's Books: A Cultural History of Samuel*

Beckett's *Interwar Notes* (London, 2006)

——, and Mark Nixon, eds, *Beckett's Literary Legacies* (Cambridge, 2007)

Finney, Brian, *Since 'How It Is': A Study of Samuel Beckett's Later Fiction* (London, 1972)

Fournier, Edith, 'Samuel Beckett, mathématicien et poète', *Critique*, xlVI (1990), pp. 660—669

Gibson, Andrew, 'Les Économies de *Murphy*', in *L'Affect dans l'œuvre Beckettienne*, ed. Engelberts et al., pp. 85—96

——, '*Three Dialogues* and Beckett's Tragic Ethics', in *Three Dialogues Revisited*, Samuel Beckett Today/Aujourd'hui, Buning et al., pp. 43—54

——, *Beckett and Badiou: The Pathos of Intermittency* (Oxford, 2006)

Gontarski, S. E., *The Intent of Undoing in Samuel Beckett's Dramatic Texts* (Bloomington, IN, 1985)

Graver, Lawrence, and Raymond Federman, eds, *Samuel Beckett: The Critical Heritage* (London, Henley and Boston, MA, 1979)

Grossman, Evelyne, 'Beckett et la passion mélancolique: Une lecture de *Comment c'est*', in *L'Affect dans l'œuvre Beckettienne*, ed. Engelberts et al., pp. 39—52

Hansford, James, '*The Lost Ones*: The One and the Many', *Studies in Short Fiction*, xxVI/2 (Spring 1989), pp. 125—133

Harvey, Lawrence E., *Samuel Beckett: Poet and Critic* (Princeton, NJ, 1970)

Henning, Sylvie Debevec, *Beckett's Critical Complicity: Carnival, Contestation and Tradition* (Lexington, KT, 1988)

Hesla, David, *The Shape of Chaos: An Interpretation of the Art of Samuel Beckett* (Minneapolis, MN, 1971)

Hill, Leslie, *Beckett's Fiction: In Different Words* (Cambridge, 1990) Hunkeler, Thomas, *Échos de l'ego dans l'œuvre de Samuel Beckett* (Paris, 1997)

Janvier, Ludovic, *Samuel Beckett par lui-même* (Paris, 1969)

Juliet, Charles, *Rencontres avec Samuel Beckett* (Montpelier, 1986)

—, *Conversations with Samuel Beckett and Bram van Velde*, trans. Janey Tucker (Leiden, 1995)

Kalb, Jonathan, *Beckett in Performance* (Cambridge, 1989)

Katz, Daniel, *Saying 'I' No More: Subjectivity and Consciousness in the Prose of Samuel Beckett* (Evanston, IL, 1999)

Kennedy, Sean, ed., *Beckett and Ireland* (Cambridge, forthcoming)

—, ed., *Samuel Beckett: History, Memory, Archive* (London, forthcoming) Kenner, Hugh, *Samuel Beckett: A Critical Study* (London, 1968)

—, *A Reader's Guide to Samuel Beckett* (London, 1973)

Lane, Richard, ed., *Beckett and Philosophy* (Cambridge, MA, 2002) Levy, Eric P., *Samuel Beckett and The Voice of Species* (Towota, NJ, 1980)

Libera, Antoni, '*The Lost Ones*: A Myth of Human History and Destiny', in *Samuel Beckett*, ed. Beja et al., pp. 145—156

Locatelli, Carla, *Unwording the Word: Samuel Beckett's Prose Works After the Nobel Prize* (Philadelphia, PA, 1990)

Maude, Ulrika, *Beckett, Technology and the Body* (Cambridge, 2009)

McMillan, Dougald, and Martha Fehsenfeld, *Beckett in the Theatre* (London, 1988)

McMullan, Anna, *Theatre on Trial: Samuel Beckett's Later Drama* (New York and London, 1993)

Mercier, Vivian, *Beckett/Beckett* (New York, 1979)

Moorjani, Angela, *Abysmal Games in the Novels of Samuel Beckett* (Chapel Hill, NC, 1982)

Morot-Sir, Edouard, H. Harper and Dougald McMillan, eds, *Samuel Beckett: The Art of Rhetoric* (Chapel Hill, NC, 1976)

Murphy, P. J., *Reconstructing Beckett: Language for Being in Samuel Beckett's Fiction* (Toronto, 1990)

Nixon, Mark, 'Writing "I": Samuel Beckett's *German Diaries*', *Journal of Beckett Studies*, XIII/2 (Spring 2004), pp. 10—23; reprinted in *Beckett the European*, ed. Dirk van Hulle (Tallahassee, fl, 2005), pp. 10—23

—, 'The *German Diaries* 1936—1937: Beckett und die Moderne Deutsche Literatur', in *Der Unbekannte Beckett: Samuel Beckett und die Deutsche Kultur*, ed. Marion Dieckmann-Fries and Therese Seidel (Frankfurt am Main, 2005), pp. 138—154

—, '"Writing": Die Bedeutung der Deutschlandreise 1936—1937 für Becketts Schriftstellerische Entwicklung', in: *Obergeschoss Still Closed-Samuel Beckett in Berlin*, ed. Lutz Dittrich, Carola Veit and Ernest Wichner, Texte aus dem Literaturhaus Berlin, Band 16 (Berlin, 2006), pp. 103—122

Oppenheim, Lois, *The Painted Word: Samuel Beckett's Dialogue with Art* (Ann Arbor, MI, 2000)

Perloff, Marjorie, ' "In Love with Hiding": Samuel Beckett's War', *Iowa Review*, xxxv/2 (2005), pp. 76—103

Pilling, John, and James Knowlson, *Frescoes of the Skull: The Later Prose and Drama of Samuel Beckett* (London, 1979)

—, and Mary Bryden, eds, *The Ideal Core of the Onion: Reading Beckett Archives* (Reading, 1992)

—, ed., *The Cambridge Companion to Beckett* (Cambridge, 1994)

—, *Beckett Before Godot* (Cambridge, 1997)

Rabaté, Jean-Michel, *Beckett avant Beckett* (Paris, 1984)

Rabinovitz, Rubin, *The Development of Samuel Beckett's Fiction* (Urbana and Chicago, 1984)

—, 'The Self Contained: Beckett's Fiction in the 1960s', in *Beckett's Later Fiction and Drama*, ed. Acheson and Arthur, pp. 50—64

Ricks, Christopher, *Beckett's Dying Words* (Oxford, 1993)

Robinson, Michael, *The Long Sonata of the Dead* (London, 1969)

Rosen, Steven, *Beckett and the Pessimistic Tradition* (New Brunswick, NJ, 1976)

Salisbury, Laura, 'Beckett's Laughing Matters: Comedy, Time and Form in the Prose and Drama', PhD thesis, University of London, 2003

Scherzer, Dina, *Structure de la Trilogie de Beckett: Molloy, Malone meurt, L'Innommable* (The Hague, 1976)

Schwab, Gabriele, 'The Politics of Small Differences: Beckett's *The Unnamable*', in *Engagement and Indifference*, ed. Sussman and Devenney, pp. 42—57

Sussman, Henry, and Christopher Devenney, eds, *Engagement and Indifference: Beckett and the Political* (Albany, NY, 2001)

Tajiri, Yoshiki, *Samuel Beckett and the Prosthetic Body* (London, 2007)

Trezise, Thomas, *Into the Breach: Samuel Beckett and the Ends of Literature* (Princeton, NJ, 1990)

Uhlmann, Anthony, *Beckett and Poststructuralism* (Cambridge, 1999) Ulin, Julieann, '"Buried! Who Would Have Buried Her?": Famine Ghost-Graves in Samuel Beckett's *Endgame*', in *Hungry Words: Images of Famine in the Irish Canon*, ed. George Cusack and Sarah Gross (Dublin, 2006), pp. 197—222

Watson, David, *Paradox and Desire in Samuel Beckett's Fiction* (London, 1990) Weller, Shane, *A Taste for the Negative: Beckett and Nihilism* (London, 2005)

—, *Beckett, Literature and the Ethics of Alterity* (London, 2006) Worth, Katharine, ed., *Beckett the Shape Changer* (London, 1975)

—, *Samuel Beckett's Theatre: Life Journeys* (Oxford, 1999) Zurbrugg, Nicholas, *Beckett and Proust* (Gerrards Cross, 1988)

致谢

感谢以下人士赋予我灵感与信息：大卫·阿迪曼（David Addyman）、玛丽·戴利（Mary Daly）、安妮·福加蒂（Anne Fogarty）、丹·卡茨（Dan Katz）、肖恩·肯尼迪（Sean Kennedy）、德克兰·基伯德（Declan Kiberd）和劳拉·索尔兹伯里（Laura Salisbury）；另，感谢阅读本书初稿并给出中肯评价的人士：乔·布鲁克（Joe Brooker）、罗南·麦克唐纳（Ronan McDonald）、莲娅·萨曼尼斯（Lenya Samanis）和田尻佳树（Yoshiki Tajiri）。特别感谢克里斯汀·艾格纳斯（Christian Egners）和马克·尼克松，他们对我撰写贝克特《德国日记》的相关内容助益良多。感谢吉娜·迪·萨尔沃（Gina Di Salvo）为本书第七章内容提供重要文献。一如既往衷心感谢大英图书馆和巴黎国家图书馆的馆员，在此一并感谢雷丁大学特别收藏馆的馆员。出版社（Reaktion Books）图片编辑哈利·吉罗尼斯（Harry Gilonis）又一次热情且不知疲倦地为我提供了重要帮助；编辑维维安·康斯坦丁普洛斯（Vivian Constantinopoulos）睿智、耐心、审慎，令人鼓舞，也是这本书不可或缺的助力来源。

最主要的，感谢西北大学英语系的教职员工和学生，我曾于2008年在该校西格尔设计学院担任爱尔兰文学教授。他们善听、善言，常提宝贵建议，使我得以集中精力攻克拙著。尤其感谢研究生研讨会上的学生们。起初，他们对将贝克特历史化的可能性持怀疑态度，但很快，他们对这一观点做出卓越反应，并以独特的方式加入并深入探讨。本书一部分归功于他们。拙著如有任何错误，皆由本人负责承担。

拙著部分内容曾以论文形式发表：《贝克特三部曲中的历史幽灵》("Historical Spectres in Beckett's *Trilogie*")，《贝克特的幽灵/幽灵般的贝克特》("Spectres of Beckett/Spectral Beckett")，入2009年巴黎第四和第七大学贝克特大会；《贝克特与爱尔兰移民：〈莫菲〉作为移民小说》("Beckett and the Irish Diaspora: *Murphy* as Migrant Novel")，入2008年西北大学英语系研讨会。

图片致谢

作者和出版商在此感谢以下材料的来源和/或允许转载。

photo：Donald Cooper/Rex Features：p. 215；© Dacs p. 121；photo Ian Dryden/Rex Features：p. 019；Gemäldegalerie Dresden：p. 223；from an issue of *L'Illustration* from 1895：p. 053；photos Marilyn Kingwill/ArenaPA1：pp. 002，183，206；photo Andy Lopez/Library of Congress, Washington, dc：p. 018；photos courtesy the National Library of Ireland, Dublin：pp. 026，036；repro-duced courtesy of the Headmaster, Portora Royal School, Enniskillen：p. 028；photo Rex Features：p. 192；Staatliche Kunstsammlungen, Dresden：p. 116；photos © Studio Lipnitzki/Roger-Viollet, courtesy Rex Features：pp. 168，170，172，175；Tate Modern, London (photo © Tate, London 2008)：p. 121.

著译者

作者｜ 安德鲁·吉布森 Andrew Gibson

一位学者和哲学家。他发表了众多关于詹姆斯·乔伊斯、塞缪尔·贝克特以及相关文学理论的作品。已出版作品：《乔伊斯的复仇：詹姆斯·乔伊斯的"尤利西斯"中的历史》、《政治和美学》（牛津大学出版社，2002年）、《贝克特和巴迪欧：间歇性的痛苦》（牛津大学出版社，2006年）、《间歇性：最近法国哲学中的历史理性概念》（爱丁堡大学出版社，2011年）等。

译者｜ 莫亚萍

浙江理工大学外国语学院教师，北京师范大学文学博士。译有《伊斯坦布尔，1933，全球翻译》《莎士比亚的政治》等。

图书在版编目（CIP）数据

塞缪尔·贝克特/ (英) 安德鲁·吉布森著；莫亚萍译.
-- 上海：上海文艺出版社，2023
（知人系列）
ISBN 978-7-5321-8390-6

Ⅰ.①塞… Ⅱ.①安… ②莫… Ⅲ.①贝克特(Beckett, Samuel 1906-1989)
—传记 Ⅳ.①K835.625.6

中国版本图书馆CIP数据核字(2022)第175624号

Samuel Beckett by Andrew Gibson was first published by Reaktion Books,
London, UK, 2009, in the Critical Lives Series.
Copyright © Andrew Gibson, 2009

著作权合同登记图字：09-2020-276号

发 行 人：	毕　胜
责任编辑：	陈　蔡
封面设计：	朱云雁
书　　名：	塞缪尔·贝克特
作　　者：	[英] 安德鲁·吉布森
译　　者：	莫亚萍
出　　版：	上海世纪出版集团　上海文艺出版社
地　　址：	上海市闵行区号景路159弄A座2楼 201101
发　　行：	上海文艺出版社发行中心
	上海市闵行区号景路159弄A座2楼206室 201101 www.ewen.co
印　　刷：	浙江中恒世纪印务有限公司
开　　本：	787×1092 1/32
印　　张：	7.75
插　　页：	3
字　　数：	102,000
印　　次：	2023年3月第1版 2023年3月第1次印刷
I S B N：	978-7-5321-8390-6/K.454
定　　价：	48.00元
告 读 者：	如发现本书有质量问题请与印刷厂质量科联系　T:0571-88855633

I 知人
Icons

知人系列

爱伦·坡：有一种发烧叫活着
塞林格：艺术家逃跑了
梵高：一种力量在沸腾
卢西安·弗洛伊德：眼睛张大点
阿尔弗雷德·希区柯克：他知道得太多了
大卫·林奇：他来自异世界
汉娜·阿伦特：活在黑暗时代

弗吉尼亚·伍尔夫
伊夫·克莱因
伦纳德·伯恩斯坦
兰波
塞缪尔·贝克特
约瑟夫·博伊斯
贝托尔特·布莱希特
德里克·贾曼
康斯坦丁·布朗库西

（即将推出）

可可·香奈儿

谢尔盖·爱森斯坦

三岛由纪夫

乔治亚·欧姬芙

马拉美

索伦·克尔凯郭尔

巴勃罗·聂鲁达

赫尔曼·麦尔维尔

伊戈尔·斯特拉文斯基

托马斯·曼

维克多·雨果